하루 한 권 학습만화 12
세계의역사

일러두기

이 책은 세계사를 바라보는 다양한 시각 및 국제정치적 감각을 길러주기 위한 목적으로 기획되었다. 원서는 비교역사학을 토대로 서술되어 특정 국가의 시각에 치우치지 않고 세계 각국의 다양한 역사적 사실에 기반을 두고 있다. 다시 말해 우리 민족의 관점으로 바라본 세계사가 아님을 밝힌다.
다만 역사라는 학문의 특성상 우리나라 학계 및 정서에 맞지 않는 영토분쟁 · 역사적 논쟁점도 분명히 존재한다. 편집부 역시 이러한 사실을 인지하고, 국내 정서와 다른 부분은 되도록 완곡한 단어로 교정했다. 그러나 오늘날 발생하는 수많은 역사 분쟁을 다양한 시각에서 논의할 수 있도록 필요한 부분은 원서의 내용을 살려 편집했다. 교육 자료로 활용하거나 아동이 혼자 읽는 경우 이와 같은 부분에 지도가 필요할 수 있음을 당부드린다.

하루 한 권 학습만화 12
세계의 역사
도쿄대학 명예 교수 하네다 마사시 감수

등장 인물

제1장 미국의 확장과 남북 전쟁

남부와 북부의 대립이 심화되는 가운데 링컨은 노예 해방 선언을 통해 남북 전쟁에서 승리한다.

공화당

링컨

제16대 대통령. 남북 전쟁이 시작되자 노예 해방을 세계에 호소해 북군을 승리로 이끈 인물

↔ 대립 정당

민주당

잭슨

제7대 대통령. 원주민에 대해 강제 이주법을 제정

↓ 박해

미국 원주민

로스

체로키족 대표. 강제 이주를 거부해 정부와의 협상을 시도함

미합중국

↕ 대립

데이비스

연합국의 대통령. 남북 전쟁에서 남부를 이끈 인물

리

연합군 대장. 북군에 항복함

제2장 이탈리아와 독일의 통일

사르데냐 왕국을 중심으로 이탈리아가 통일되고 프로이센이 독일 제국을 건국한다.

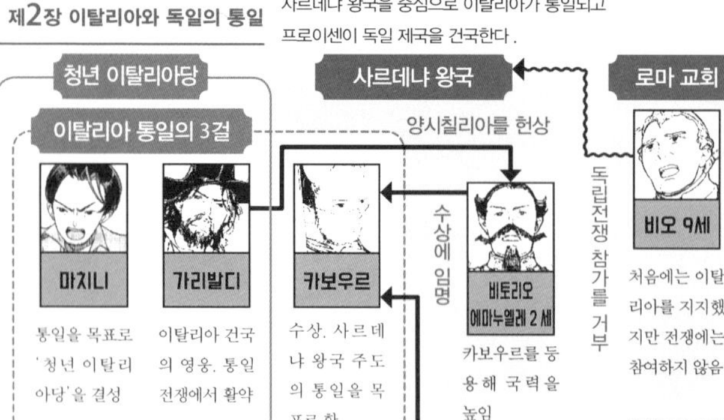

마치니: 통일을 목표로 '청년 이탈리아당'을 결성

가리발디: 이탈리아 건국의 영웅. 통일 전쟁에서 활약

카보우르: 수상. 사르데냐 왕국 주도의 통일을 목표로 함

비토리오 에마누엘레 2세: 카보우르를 등용해 국력을 높임

비오 9세: 처음에는 이탈리아를 지지했지만 전쟁에는 참여하지 않음

밀약을 맺는다

프랑스

나폴레옹 3세: 카보우르와 밀약해 통일 문제에 개입

프로이센 왕국

독일 통일을 달성해 초대 독일 황제가 됨

군 참모총장. 오스트리아군을 상대로 승리

수상. 오스트리아·프랑스에 승리해 독일을 통일함

주요 사건

1863년
미국 노예 해방 선언

1871년
독일 제국 성립

1876년
오스만 제국 헌법(미트하트 헌법) 발포

1885년
청과 일본 사이에 톈진 조약 체결

러시아 · 오스트리아–헝가리 · 오스만 세 제국은 문제에 직면해 개혁에 나선다.

러시아 제국

농노해방령을 발포해 대개혁 단행

알렉산드르 2세의 대개혁을 도운 인물

형제

군인. 러시아의 군사 개혁을 주도함

대립

10월 칙서·2월 칙령을 내려 개혁을 실시함

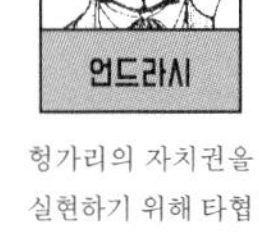

헝가리의 자치권을 실현하기 위해 타협을 맺음

장미원 칙령을 내려, 탄지마트라 불리는 개혁을 개시함

독일 통일을 달성해 초대 독일 황제가 됨

배제

대재상. 제국 헌법을 제정했지만 끝내 실각함

제4장 청의 개혁과 요동치는 일본

청은 양무 운동으로 서양의 과학기술을 도입하고 일본은 부국강병 정책 추진 후 조선을 침략한다.

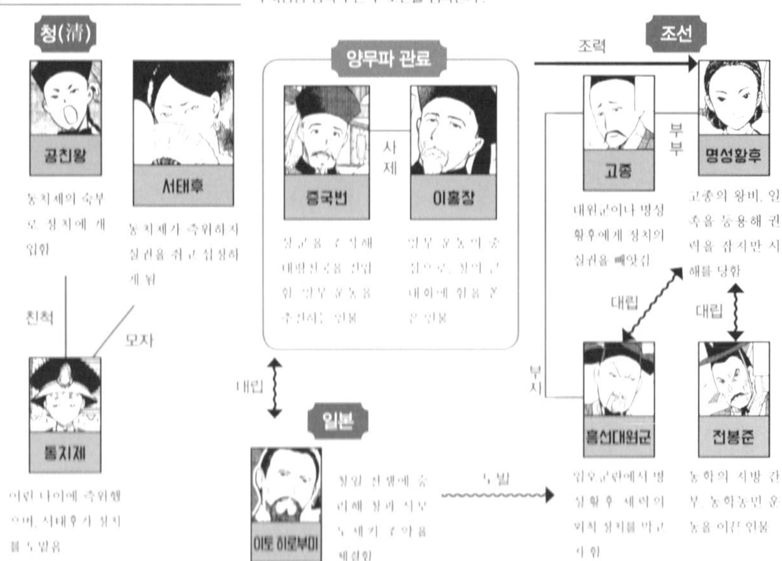

독자 여러분께

12

유럽의 재편과 미국의 대두

도쿄대학 명예 교수 **하네다 마사시**

수십 년 동안 미국과 서유럽에서 세 개의 큰 '혁명'이 일어났습니다. 그 영향은 미국과 서유럽은 물론, 전 세계에 다양한 형태로 퍼져갔습니다. 미국에서는 산업혁명의 진전과 함께 북부와 남부 사이에 경제·사회 구조적 차이가 생겨 양자가 대립하였고 결국 남북 전쟁이라는 무력 충돌이 발생했습니다. 사람들의 국민의식이 높아진 이탈리아와 독일에서는 많고 작은 연방 국가가 사르데냐, 프로이센이라는 왕국을 중심으로 하나의 국가로 통합됩니다.

오스트리아, 러시아, 오스만 제국에서는 지배하에 있는 다양한 사람들이 자유와 평등을 강력히 요구해, 각각 동군연합, 농노해방, 헌법 제정이라는 독자적인 정책으로 체제의 동요를 억제하려고 시도합니다. 청(淸) 제국 역시 서양 각 나라의 선진적인 지식과 기술을 도입하는 중체서용이라는 이념으로 체제를 강화하려 합니다. 한편 메이지 유신을 거친 일본은 서양의 제도와 기술을 도입해 정치와 사회 구조의 변혁, 경제력의 강화를 적극적으로 추진합니다. 19세기 말에는 한반도 지배를 둘러싼 청과의 싸움에서 승리해 열강의 반열에 오르게 되었습니다. 세 개의 혁명이 만들어낸 것이 전 세계에 전해져 각지의 상황에 따른 다양한 반응을 일으키게 됩니다. 그 다양한 현상에서 볼 수 있는 공통점을 찾아보시길 바랍니다.

■ 이 도서의 원서는 일본 문부과학성이 발표한 '2008 개정 학습지도요령'의 이념, '살아가는 힘'을 기반으로 편집되었습니다. 다만 시대상을 반영하려는 저자의 의도적 표현을 제외하고, 역사적 토론이 필요한 표현은 대한민국 국내의 정서를 고려해 완곡하게 수정했습니다.

■ 인명 · 지명 · 사건명 등의 명칭은 대한민국 초 · 중 · 고등학교 교과서를 바탕으로 삼되, 여러 도서 · 학술정보를 참고해 상대적으로 친숙한 표현으로 표기했습니다.

■ 대체로 사실로 인정되는 역사를 기반으로 구성했습니다. 다만 정확한 기록이 남지 않은 등장인물의 경우, 만화라는 장르를 고려해 쉽고 재미있게 읽을 수 있도록 대화 · 배경 · 의복 등을 임의로 각색했습니다. 또 역사의 흐름을 이해하는 데 도움이 되도록 만화에 가공인물을 등장시켰습니다. 이러한 가공인물에는 별도로 각주를 달아 표기했습니다.

■ 연도는 서기로 표기했습니다. 사건의 발생 연도나 인물의 생몰년이 불분명한 경우에는 일반적으로 통용되는 시점을 채택했습니다. 또 인물의 나이는 당시 통용된 시점을 기준으로 만 나이로 기재했습니다.

■ 인물의 나이는 맞춤법에 어긋나더라도 '프리드리히 1세'처럼 이름이 같은 군주의 순서 표기와 헷갈리지 않도록 '숫자 + 살'로 표기했습니다. 예컨대 '스무 살, 40세'는 '20살, 40살'로 표기했습니다.

시대의 흐름을 파악하자! 그림으로 보는 역사 내비게이션

1870년경의 세계

하네다 마사시 교수님

경제·군사 분야에서 압도적인 힘을 가진 서양을 참고해 발전을 도모하는 나라들이 생겨났습니다. 그들은 서양의 정치나 사회의 구조, 기술을 도입해서 근대화를 이루고자 노력했습니다.

동치제의 어머니 서태후가 정치를 펼치다(1861년~1873년) C

서태후가 실권을 잡은 가운데 정치는 비교적 안정적이었음

남북 전쟁 중 링컨이 노예 해방 선언을 하다(1863년) B

외국의 지지를 얻어 링컨이 이끄는 북부가 전쟁에서 승리. 미국을 재통일함

대정봉환(1867년)

에도 막부 제15대 장군 도쿠가와 요시노부가 메이지 천황에게 정권을 반납

마오리 전쟁(1860년~)

영국은 뉴질랜드의 원주민인 마오리족을 무력으로 제압

브라질, 커피수출 세계 1위(19세기 후반)

1888년까지 남아있던 노예제도를 바탕으로 세계 최대의 커피 수출국이 됨

② 서양의 강대함을 알게 된 일본이나 다른 나라의 상당수는, 그때까지의 정치나 사회의 구조를 재검토하고, 근대화를 진행시켜 나가려고 했어요.

① 일본에서는 메이지 유신이 시작 되었을 무렵이네요.

④ 일찍부터 산업혁명을 달성한 서양국가들은 공업 원료의 자원과, 제품의 판매처를 해외에서 찾아 식민지를 확대시켰던 거예요.

③ 헌법 제정 이외에도 학교의 설치, 공업화 등은 이 무렵부터 시작된 거네요.

독일, 통일국가가 되다 (1871년) A

프로이센의 주도로 독일 통일이 달성됨

대재상 미드하트 파샤의 헌법 발포(1876년)

근대화 개혁을 추진하는 오스만 제국에서 미드하트 헌법이 만들어짐

오렌지 자유국에서 다이아몬드광 발견 (1867년)

다이아몬드 광을 눈여겨 본 영국에 침략 당해 영국령이 됨

영국에 의한 인도 지배의 강화(1858년~) D

각지에서 일어난 반란을 진압한 영국이 직접 지배함

◀ 다음 페이지에서 자세한 설명을 확인하세요

유럽

오스만 제국과의 전쟁에서 이긴 러시아는 발칸 반도로 세력 확대를 노렸다. 그러나 영국과 오스트리아가 이에 반발했고 독일 비스마르크의 중개로 베를린 회의를 열어 러시아의 남하정책을 저지했다.

북아메리카

대륙횡단철도 개통

링컨 대통령 시대에 착공한 이 철도는 수많은 노동자를 동원해 만들었다. 1896년, 철도 부설이 마무리되자 대륙횡단철도가 개통되었다. 공업화가 진행된 동부의 도시와 개척이 진행된 서부를 연결하는 것이 이 철도의 목적이었지만 이로 인해 원주민의 생활은 파괴되었다.

청 관료가 양무 운동을 벌임

C

청(淸)은 근대화의 필요성을 깨닫기 시작했고, 1860년경부터 유럽의 근대적 기술을 도입하는 양무 운동을 벌였다. 그러나 중국의 전통적 사고방식이나 정치체제는 유지한 채 서양 기술만을 이용하는 중체서용에 그쳤다.

팍스 브리태니카

D

빅토리아 여왕 통치하의 영국은 경제력과 군사력에서 다른 나라를 압도했고, 인도 등 해외 식민지도 다수 영유했다. 영국은 국제사회에서 우위를 차지했던 이 시기를 고대 로마 제국의 번영에 빗대어 '팍스 브리태니카'라고 한다.

12 파노라마 연표(1860년~1890년)

서·남·동남아시아		북·동아시아		일본	
오스만 제국	무굴 제국	청(清)	조선		
탄지마트 시작 (1839년~1876년)		아편 전쟁 (1840년~1842년)		페이튼 호 사건(1808년) 스기타 겐파쿠 '난학사시'(1815년) 이국선 타불령(1825년) 오시오 헤이하치로의 난(1837년) 만사의 옥(1839년) 미즈노 다다쿠니에 의한 덴포 개혁 시작(1841년~1843년)	에도 시대
개혁 칙령(1856년)		태평천국의 난 (1850년~1864년) 애로호 사건 (제2차 아편 전쟁, 1856년~1860년)		미국 사절 페리가 우라가에 내항(1853년) **미일수호통상 조약(1858년)**	
		베이징 조약(1860년) 👤 동치제 (1861년~1875년) 동치중흥(1862년~1874년) 태평천국이 진압됨 (1864년) 좌종당이 무슬림의 반란을 진정(1867년) 양무 운동 시작(~1890년)	👤 고종 (1863년~1907년)	사쿠라다문 밖의 변(1860년) 막부가 조슈번 추토 파병(1864년) 삿초 동맹(1866년) 대정봉환(1867년) 메이지 유신(1868년)	메이지 시대
미드하트 파샤의 내정 개혁(1871년) 👤 압뒬하미트 2세 (1876년~1909년) 미드하트 헌법 발포 (1876년)	인도 제국 성립(1877년) 👤 빅토리아 여왕 (1877년~1901년)	일리 지방을 러시아에 점령당함(1871년) 👤 광서제 (1874년~1908년)	강화도 사건(1875년) **강화도 조약(1876년)**	폐번치현(1871년) 이와쿠라 사절단 미국에 파견(1871년) 징병령 발령(1873년) 지조개정(1873년) **강화도 조약(1876년)** 세이난 전쟁(1877년)	
	인도 국민회의 설립 (1885년)	**일리 조약(1881년)** **텐진 조약(1885년)**	임오군란(1882년) 갑신정변(1884년)	국회 개설의 조칙(1881년) **텐진 조약(1885년)** 일본제국 헌법 공포(1889년)	
				제1회 제국의회 개회(1890년)	
		청일 전쟁(1894년~1895년) **시모노세키 조약(1895년)**	동학농민 운동(1894년)	청일 전쟁(1894년~1895년) **시모노세키 조약(1895년)**	

■ : 나라 · 왕조 붉은 글자 : 전투 · 전쟁 ■ : 조약 · 회의 ♟ : 주요 통치자(재위 · 재직 기간)

● 시간의 흐름에 따라 서술한 연표로, 생략된 시대 · 사건이 있습니다.

연대	남 · 북아메리카	유럽					
	미국	영국	프랑스	사르데냐	오스트리아 제국	프로이센	러시아 제국
1800년	프랑스로부터 루이지애나 매입(1803년) 미주리 타협(1820년) 인디언 이주법 통과(1830년) 텍사스 병합(1845년) 미국-멕시코 전쟁(1846년~1848년) 멕시코로부터 캘리포니아 획득(1848년) 캘리포니아에서 금광 발견(1848년)	빈 회의(1814년~1815년) ♟빅토리아 여왕(1837년~1901년)	2월 혁명(1848년)			독일 관세동맹 발족(1834년) 3월 혁명(1848년)	데카브리스트의 난(1825년)
1850년	캔자스 네브래스카법(1854년) 미일수호통상 조약(1858년)	크림 전쟁(1853년~1856년)	♟나폴레옹 3세(1852년~1870년)				♟ 알렉산드르 2/ (1855년~1881년)
1860년	남북 전쟁(1861년~1865년) ♟링컨(1861년~1865년) 링컨의 노예 해방 선언(1863년) 헌법 수정 흑인 노예 해방(1865년) 알래스카 인수(1867년) 수정헌법 제14조 / 미국에서 출생한 모든 사람은 미국 및 거주하는 주의 시민으로 인정함(1868년) 최초의 대륙횡단철도 개통(1869년)	베이징 조약(1860년) 제1인터내셔널 결성(1864년~1876년)		이탈리아 성립(1861년) ♟비토리오 에마누엘레 2세(1861년~1878년)	헌법 발포(1861년) 제2차 슐레스비히 전쟁(1864년) 프로이센-오스트리아 전쟁(1866년) 오스트리아 헝가리 제국 성립(1867년) ♟ 프란츠 요제프 1세(1867년~1916년)	♟ 빌헬름 1세(1861년~1888년)	베이징 조약(1860 농노해방령(1861년) 부하라 칸국을 보호국화(1868년)
1870년	백인 남성 외의 사람들에게도 선거권이 주어짐(1870년)	베를린 회의(1878년)	제3공화정(1871년) ♟티에르(1871년~1873년) 파리 코뮌(1871년)	교황령 점령(1870년) 수도를 로마로 옮김(1872년)		프로이센-프랑스 전쟁(1870년) 독일 제국 성립(1871년) ♟초대 황제 빌헬름 1세(1871년~1888년)	브나로드니키 운동 러시아-튀르크 전쟁(1877년~1878년) 산스테파노 조약
1880년	중국인 배척법(1882년) 미국 노동총동맹(AFL) 결성(1886년) 제1회 미주 회의(1889년)	베를린서아프리카 회의(1884년~1885년)	제2인터내셔널 결성(1889년)	독일·오스트리아·이탈리아 삼국동맹 체결(1882년)		♟빌헬름 2세(1888년~1918년)	일리 조약(1811년)
1890년	프런티어의 소멸(1890년)						

이 책에서 다루지 않는 역사 □ 11권에서 다루는 역사 □ 11권에서 다루는 역사

하루 한 권 학습만화

세계의 역사 12

유럽의 재편과 미국의 대두

(1860년 ~ 1890년)

목 차

〈자켓 및 표지〉 곤도 가쓰야(스튜디오 지브리)

글로벌한 관점으로 세계를 이해하자!
세계사 내비게이터
하네다 마사시 교수

만약에
하네다 마사시 교수님
1860년 ~ 1890년 사이의
국가들이 상가에서
가게를 연다면…
!?
여러분 안녕하세요. 이곳은 시공간을 무시한 채 각 나라가 가게를 운영하고 있는 상가입니다.
역사적인 관점으로 가게마다의 특징을 살펴봅시다.
만약에 상가

청대반점
어?
저긴 중국집인가요?
하아…
이홍장 (1823~1901)
청 말기의 정치인
우다닥
뭔가 문제라도 있나요? 시무룩한 표정이군요!
영국으로부터 아편을 수입하지 않겠다고 했더니 무력으로 거래를 강요해서….
점심 특선
점심 특선

러시아 농기구
러시아는 농노 문제가 있고,
저쪽의 세 집도 꽤 힘들어 보이네요.
우리 청도 무력을 갖추고 싶은데 마음처럼 되지 않는군요.
베이커리 오스트리아
오스트리아와 오스만 제국은 영토가 넓어서
다민족, 다언어 국가라 문제가 많지요.
오스만 잡화점
다들 근대화를 추진하고는 있지만 쉽지 않은가 보구려.
아니, 그런 가운데 유난히 경기 좋은 가게가 눈에 띄는군요!

Tea Room 영국
저곳이 바로 그 유명한 영국입니다.
참 부럽게도 바다 건너까지 영토를 확대해 일확천금을 얻었답니다.
화려~

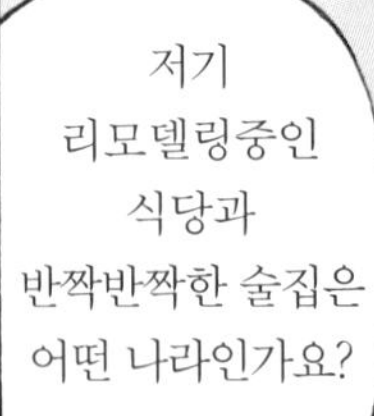
저기 리모델링중인 식당과 반짝반짝한 술집은 어떤 나라인가요?

배, 무기, 공업 기술 등도 영국으로부터 배워야 하는데…

비스트로 프랑스
수리중
젠장! 프로이센-프랑스 전쟁에서 지는 바람에
황제가 퇴위하고 말았어.
휭~
훌쩍 훌쩍
큰 아버지 나폴레옹을 뵐 면목이 없구나.
나폴레옹 3세 (1808~1873)
프로이센-프랑스 전쟁에서 패배해 프로이센의 포로가 된 프랑스 황제

Bar 프로이센
비스마르크 (1815~1898)
프로이센의 수상으로서 독일 통일을 이루어냄
우리나라에게 이렇게 무참히 질 줄은 몰랐던 모양이야?
신장 개점 Bar 독일
그렇게 된 것도 네가 거짓말을 하거나 이상한 소문을 냈기 때문이잖아!
흥.
우리 프로이센을 만만하게 보고 있었군!
!

와——작
문제는 철과 피에 의해서만 해결될 수 있다고!
그렇게 한들 아무것도 달라지지 않을 것이다!

패션 브랜드
이탈리아
이탈리아도 나폴레옹 3세에게 꽤나 휘둘렸는데 이제는 프랑스가 프로이센의 포로라니.
조국에서 쫓겨나 갈 곳이 없다면 우리 집으로 망명할래?
하하핫
에구구!!
우와 대놓고 말했다…
그나저나, 비스마르크. 전쟁에서 이겼다고 독일 제국 황제의 대관식을 베르사유 궁전에서 할 건 아니지?
가리발디 (1807~1882)
이탈리아 통일에 공헌한 혁명가
그러고 보니 둘로 갈라진 미국은 어떻게 되었을까요?
북
미국 백화점
남
미국 백화점
두-둥
원주민에게 땅을 빼앗고 그들을 노예로 부린 것도 모자라
국민끼리 싸우기까지 하는 미국의 난폭한 백인 남성들 말이죠?
번-쩍

북부
남부
이쪽이 북부 미합중국입니다! 면사, 면포, 공업제품 등 다양한 상품이 준비되어 있습니다! 어서오세요~!
자~ 이쪽이 미국의 뿌리인 남부의 아메리카 연합국이다!
면화, 야채, 곡식까지! 뭐든지 있어!
에이브러햄 링컨 (1809~1865)
미국 대통령
노예 해방 선언을 내림
제퍼슨 데이비스 (1808~1889)
아메리카 연합국 대통령
남북전쟁에서 패함

1865년 북부의 미합중국이 남북전쟁에서 승리했다지요?
네! 처음에는 연합군이 우세했지만, 인구와 경제력에서 우월한 미합중국의 역전승으로 끝났습니다.
그러고 보니 청에도 내란이 있었던가요?

아이고, 너무 힘들었습니다.
청 안에서 '태평천국'이라는 독립국을 지향하는 사람들이 봉기를 일으켰죠.
후룩 후룩
후- 후-
그런 가게에서는 마음 놓고 식사도 못하겠군요!
그래서 앞으로는 영국이나 독일의 방식을 배우면서

타국의 침략따위 용서하지 않는 훌륭한 나라를 만들기 위해….
후루룩
드디어 오픈이다!
우리는 일식, 중식, 양식 무엇이든 있어.
일본 식당
메이지 유신으로 모두 새롭게!
이토 히로부미
(1841~1909)
일본 최초의 총리대신

주——욱
유니폼도 모두 새롭게 양장으로 통일 했습니다!
무…
무슨!

안녕하세요! 지금까지는 국내에 머물고 있었지만 앞으로는 넓은 대륙으로 진출해 보려고요!
자, 잘 부탁하오.
일본도 대륙진출!
해외로 뻗어나가는 영국, 통일 후 기세를 올리는 독일, 쇠퇴하는 거대한 제국 청.
북미 대륙에서는 새로운 강대국, 미국이 등장했답니다!
그럼 미국의 모습부터 살펴 보기로 하죠.

건국 당시의 국토
1775년,
독립 전쟁이 시작되고
이듬해인 1776년,
미국은 영국으로부터
독립하기를 선언한다.
끄~
응
그 후 미국은
헌법을 정비해
새로운 나라로의
발을 내딛기
시작했다.

루이지애나
플로리다
찡
찡
19세기에 들어서면서
프랑스로부터
루이지애나를,
스페인으로부터
플로리다를
취득한 미국은
순식간에
광대한
국토를 가진
나라가 되었다.

국가로 자리매김한 미국에서는 민주주의가 빠르게 발달하기 시작했다.
출신이나 재산에 상관없이 투표권을 가졌고, 노력하면 대통령도 될 수 있었다.
그야말로 미국의 독립선언문처럼 '생명과 자유와 행복의 추구'가 허락된 나라였다.
와
와
와
와
와
노동자인 우리의 의견도 들어줘라!
여성도 사회의 구성원이야!
우리는 옛날부터 이 땅에 살았어!
흑인
원주민
여성
그러나 그 당시 미국의 민주주의는
서유럽에서 건너온 이민자의 후손, '백인 남성'에 한해 적용되는 것이었다.

1828년
미국
뉴잉글랜드
올해는 대통령 선거가 기다리고 있군요.
지난번처럼 애덤스와 잭슨의 이파전이 아니겠는가?
V S
앤드루 잭슨
대통령 후보
존 퀸시 애덤스
미국 제6대 대통령

아버지
아무렴 이번에도 명문가 출신인 애덤스가 이기겠죠.
존 애덤스
미국 제2대 대통령
그의 아버지인 존 애덤스 역시 대통령 출신이니….
그에 비해 잭슨 이라는 놈은
남부의 시골에서 자란 데다가 제대로 교육을 받지 못한 군인 출신이라니

그러나 잭슨은
그런 비판을
역으로
이용했다.
하 하 하 하
미국의
지식층들은
이번에도
애덤스가
당선되리라
생각하고 있었다.
그런 서민이
애덤스를
어찌
이기겠는가!

나는
자랑할 만한
가문 출신이
아닙니다!
그런데
그게 무슨
상관입니까.
저는
여러분과 같은
평범한
시민입니다!
저들은
대중을 위한
정치가
무엇인지
모릅니다!

와
비로소 일반
시민 계층의
대통령이
탄생하는
순간이었다.
와
와
와
앤드루 잭슨
미국 제7대 대통령
와
와
잭슨의
발언에
애덤스도
반박했지만
1828년의
대통령 선거에서는
잭슨을 지지하는
남부의
유권자 인구가
지난번보다
늘어나는 추세였다.
애덤스 지지
잭슨 지지
이 시점에서 이미
애덤스에게
승산은 없었다.
후훗

잭슨 대통령이
시행한
엽관 제도는
공무원의
교체를 촉구해

정당정치를
굳건히 한다는
이점 때문에
여전히 많이
사용되는 제도다.

잭슨은
서부와
남부의
이익만을
생각하고
국가를
바라보는
시야는
가지고
있지
않은 거요!
저
놈…
당선 전에는
무지한 대중을
선동하더니
이제는
반대자들을
배제하기
시작했다네.

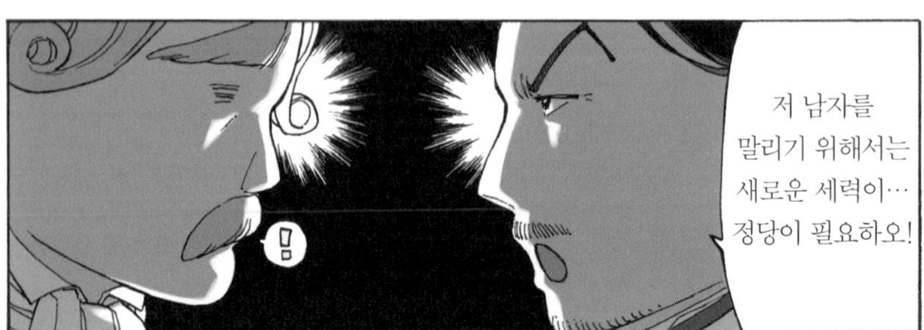

저 남자를
말리기 위해서는
새로운 세력이…
정당이 필요하오!
!

이
움직임에
대해
잭슨의
지지자들은
휘그당?
1834년,
잭슨의 행보에
반대하는 사람들이
정당을 만들었다.
과거 영국에서
국왕의 전제정치에
저항했던
휘그파의 이름을 따
'휘그당'을
결성한
것이다.
휘그당의
심벌

잭슨의
지지자들은
일치단결해
민주당을
결성했다.
이는 지금까지
이어져 오는
미국 거대 양당 중
하나, 민주당의
시초다.
민주당의 심벌
질 수 없지!
대통령을
지지하는
우리도
단결합시다!
당을
만들어서
대통령에게
힘을
보태자!

그런 가운데,
서민 가정
안에서도
갈등의 씨앗이
생겨나고
있었다.
대중이
대중을 위해
나라를
움직이게 하는
잭슨 대통령의
민주주의는
아주 훌륭해.
하지만
대중 속에
이성도
포함되어
있는 걸까?

그 당시 여성들은 참정권이 없었고, 결혼 후에는 개인 재산도 소유하지 못하게 되어 있었다.
우리에겐 투표권조차 없다고!
후엥
응
너한테는 필요 없잖아?

그 밖에도 대중에 속하지 못하는 사람들이 또 있었다.
흑인 노예들아 더 열심히 일해라!
일하지 않으면 팔아 버릴거다!
젠장, 저 농장주 놈이!

면화를 재배하는 대농장이 많던 남부에서는 흑인 노예가 주된 노동력이었다.
결국에는 그런 거지.

저놈들에게 우리는 단지 소유물일 뿐인 거야.
소나 말 같이 취급하는 거야….

무엇이 대중을 위한 대통령이냐! 어디가 모두 보답 받는 나라냐! 우리에게는 자유도 평등도 없는데!
흑인 노예를 아무리 혹사시켜도 처벌받지 않았다.

하 하 하핫
미국에서 말하는 일반 시민은 백인 남성밖에 없는 거야. 그 아래가 백인 여성이고.

하 하 하 하 하 하 하 하 하
그 노동자 수는 굉장히 많았으며 사우스캐롤라이나나 미시시피에서는 무려 인구의 절반 이상이 흑인 노예였다.
노예에게는 인권도 참정권도 없었다. 노예의 자식 역시 노예가 되어야 했고 교육의 기회도 주어지지 않았다.

피부가 하얗지 않으면 사람 취급조차 받을 수 없네.
이 농지도 원래는 우리 원주민의 땅이었는데…

잭슨 대통령
시절에는
미개척한
땅을 경작해
농지로 만들면
무상으로 그 땅을
소유할 수 있다는
법칙이 있었다.
이로 인해
서부나
남부의
개척이
본격적으로
열리던
시기였다.

타앗
백인
이민자들이
서부에
몰려왔지만
이 지역은
원래
원주민들의
생활터였다.
당연히
서쪽으로
진출하는 것은
그들이
사는 장소를
빼앗는 일이었다.
그러나

서부로 진출하는 것은 신(神)으로부터 주어진 사명이라 생각하는 백인들에게 있어 원주민은 방해꾼이었고
저기는 참 좋은 땅이로군.
아직은 아무도 손 대지 않았을 것 같아 방해가 되는 인디언을 쫓아내야겠어.
탕
탕
탕
도망쳐!!!
그들에게 원주민이란, 미국에서 말하는 이른바 '대중'에 포함되지 않았다.

잭슨은 대통령이 되기 전에 군인으로서 원주민과 싸운 경험이 있었고
인디언*이 장애물이야….
그렇다면 강제로 한 지역에 이주시켜 버려야겠어.
대통령 중에서도 원주민을 가장 무자비하게 대했다.
*현재는 사용하지 않는 차별적인 표현

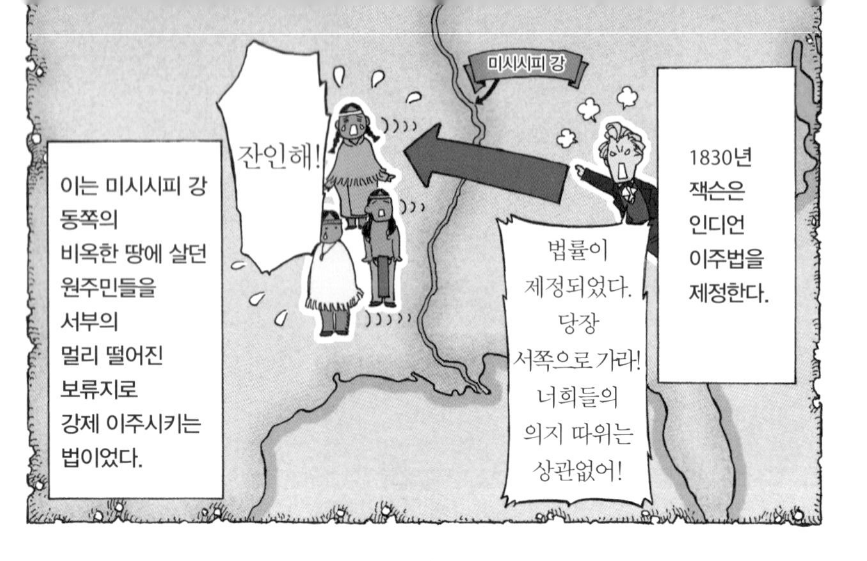

그런 가운데 애팔래치아 산맥 남부에 살던 체로키족은 계속해서 이주를 거부했다.

체로키족

존 로스
체로키족 대표

18세기, 정부의 문명화 정책을 받아들인 체로키족은

미국 대법원에서 인정받은 종속국가 '체로키국'을 만들어 독자적인 사회를 구성하며 살고 있었다.

먼저 이주한 다른 부족들은 메마른 땅으로 쫓겨났대….
사망자도 많이 나왔다던데.

체로키족 대표 '존 로스'는 정부와 협상했으나
이주하는 것은 반대다. 교섭하자!
맞아 맞아!

하지만 이들도 강제 이주법에 따라 이주 명령을 받았다.
결국 우리에게도….

체로키족이 이주를 거부하고 있다고?
후훗
그렇다면 마지막 수단을 행사하게.
밴 뷰런
제8대 대통령

척!
이주할래, 죽을래!
군대가 파견됨에 따라 마침내 이주하는 것에 동의하게 되었다.

살려 주세요.
할아버지가
아파서
쓰러졌어요!
미안하오.
약이 다
떨어졌소.
!
이런…
추욱…
음식도, 옷도
최소한의 양만
지급되었고,
마차 역시
부족했다.
으엉엉엉
이럴 수가…
할아버지,
할아버지!
엉엉엉
휘이잉
1838년 9월부터
1839년 3월까지,
동절기에 걸쳐
체로키족의
이동이 이뤄졌다.
동남부 조지아에서
미시시피를 넘어
서부 오클라호마까지,
무려 수 천㎞의 거리를
2만여 명의 인원이
걸어서 이동했다.
추위와
굶주림으로
약 4천 명의
체로키족이
생명을 잃었다.
체로키족의
이동
미시시피 강
더구나
매서운
한파 속
강행군으로
인해

정부와의 협상을 시도했던 존 로스의 부인도 이동 중 폐렴으로 숨졌다.
이 사건이 바로 미국사의 비극 중 하나인 '눈물의 길'이다.
지지 않겠어.

자유와 평등의 나라가 되어야 할 미국은 우리로부터 땅을 빼앗고
저항하면 군사를 보내 여성이나 아이까지 학살한다.
우리에게 소중한 버팔로마저 전멸시켜 버리다니….
백인들이 가져오는 것은 문명도 진보도 아닌!
야만한 침략일 뿐이다!
그러나 백인들의 인식은 그렇지 않았다.

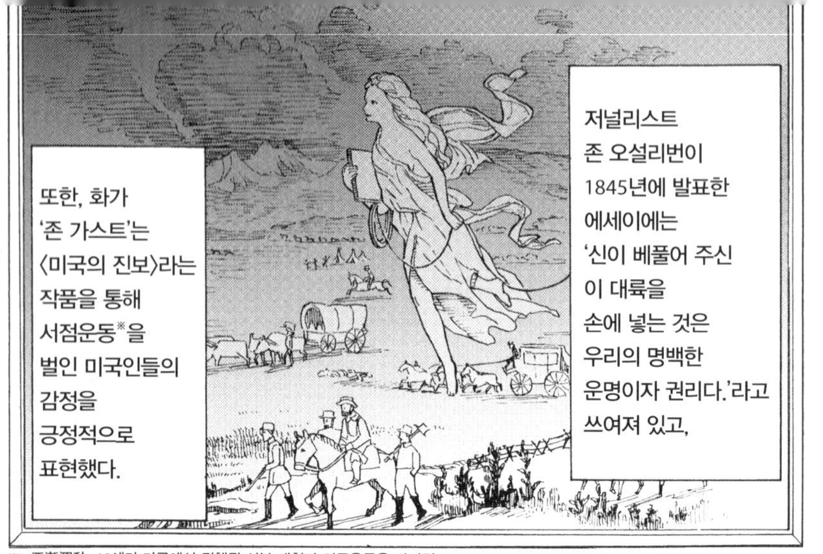

※ 西漸運動. 19세기 미국에서 진행된 서부 개척과 이주운동을 가리킴

일찍부터 발달한
동해안에 비해
서해안은
인구가 적었다.
그러나 1848년.
캘리포니아
아메리칸 강

오…
오오!
반짝
길을 지나던
목수가
주운 물건은
바로,
금
이었다.
세상에…
이 주변에
금광이 있어!

이 소식은
순식간에
전 세계에
알려졌고,
와 하 하!
캘리포니아
에는 금이
굴러
다닌다지?
금광을
발견하면
평생
놀면서
살 수
있겠어!

이 금광을 찾아서 사람들이 몰려온 현상을 두고 '골드러시'라 부른다.
일확천금을 꿈꾸는 사람들이 캘리포니아로 몰려왔다.

와 아!
금 채취꾼 이외에도 많은 사람이 몰려왔다.

사람들이 묵을 호텔과 상가, 술집이 생기면서 인구가 급격히 늘어났다.
1849년에는 8만 명이나 되는 인파가 몰려들었고, 이들은 '포티나이너스'라고 불렸다.
BURR GREY & CO

한편, 1850년 주로 승격한 캘리포니아에 큰 문제가 생기고 만다.
대부분의 금이 금새 채굴되어 고갈됐으나, 이것을 계기로 캘리포니아는 큰 발전을 이뤘다.
하…
피터 버넷
1대 주지사

네, 주지사님. 미주리 타협을 어떻게 다루느냐가 관건입니다.
주로 승격된 이상 주법을 정해야 하네.

캘리포니아주
이 위에서는
노예제가
용인되지 않음
북위 36도 30분
미주리 타협은
북위 36도 30분보다
북쪽에 위치한
영토 중
새롭게 연방에
가입하는 주에서의
노예제도를
금지하는 협정이다.
미주리 타협은
1820년,
먼로
대통령 시절에
성립되었다.
제임스 먼로
미국 제5대 대통령

우리 주는 북위 36도 30분에 걸쳐 있습니다.
알고 있네….
노예제도가 금지된 자유주가 되면 농민들이 반발할 것이 뻔합니다.
하지만 미주리 타협을 무시할 수 없네….

※ 1852년에는 미국 흑인 노예의 비참한 생활상을 그린, 해 엇 비처 스토우의 「톰 아저씨의 오두막」이 출간되어 노예제도 폐지에 관한 관심을 모았음

남부 농장주
북부 정치가
미국 농산물은 유럽에 많이 팔려! 관세를 부과하지 않는 '자유 무역'이 중요해!
노예가 없으면 대농장을 운영할 수 없어!
북쪽에 노예를 쓸 대농장은 없어! 오히려 도시의 산업을 보호하고 성장을 촉진시키기 위해
유럽에서 들어오는 물건에 관세를 매기는 '보호 무역'이 중요해!

쩌어어억 쩌어어억
남북으로 갈라진 미국은 어느새 두 나라가 된 것만 같은 상황에 놓였다.

1860년,
미국 내부에서
대립이 심해지는
가운데,
새로운
대통령이
탄생한다.
남북간의
대립을 멈추게
해서 노예주를
조금씩
줄여야겠어.
에이브러햄 링컨
미국 제16대 대통령

대중적으로
명성이 높은
링컨이지만
그의
정치 활동은
우여곡절이
많았다.

1846년,
연방 하원의원에
당선되어
중앙정계에
들어가지만
멕시코와의
전쟁은
불필요하며
이것은
위헌입니다!

1848년,
엄청난 영토를
획득해
승리감에 들뜬
시민들 앞에서
미국-멕시코
전쟁에 반대하는
연설을 한 탓에
모처럼
승리했는데
기가 막혀!
시민의
반감을 사,
정계를
잠시
떠나야만
했다.

한 동안은
변호사로
일하다가
…설마

캔자스 네브래스카 법
인구가 많아져서 '준주'에서 '주'로 승격되면 주민 투표를 통해 노예제도의 유무를 결정할 수 있다.
1854년에 제정된 '캔자스 네브래스카법'을 계기로 그는 다시 정계로 돌아왔다.
맙소사!

북부의 노예 반대론자들과 휘그당 · 민주당을 떠난 사람들이 모여 공화당을 결성했고, 링컨도 여기에 합류했다.
공화당의 심벌
쓱
더 이상의 노예주를 막기 위해 만들어진 미주리 타협이
없어진 것과 다름없다! 이대로 있으면 안 돼.
1854년에 창당한 공화당은 지금까지 이어져 내려오는 미국 양당체제의 큰 축이다.

1858년,
링컨은
상원의원
선거에 출마해
토론회를
열었다.
저는
노예제도가
자연적으로
소멸될
것이라 믿고
있었습니다!

그러나
민주당은
노예제도를
유지하려고
합니다!

와아아!
좋은
연설이네.
신문에
대서특필
해야겠어.

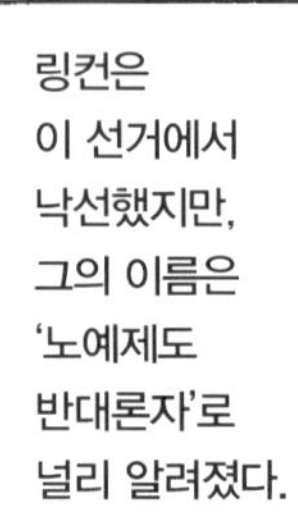
링컨은
이 선거에서
낙선했지만,
그의 이름은
'노예제도
반대론자'로
널리 알려졌다.

People Rejoice!
LINCOLN ELECTED!
ILLINOIS REDEEMED!
SHE VOTES FOR LINCOLN
She chooses Republican Legislature
SHE REPUDIATES DOUGLAS
AVALANCHE OF FREEMEN.
Lincoln elected
16th President
시간이 흘러
1860년,
링컨은 민주당의
대통령 후보,
더글러스를 제치고
미국 대통령에
당선된다.
그러나
취임하기가
무섭게
큰 문제에
직면했다.

링컨은 대선 공약으로 노예 해방을 내세우지 않았음에도 불구하고
11월에 그가 당선되자 12월에는 사우스 캐롤라이나주가, 1월에는 미시시피주가 연방을 탈퇴했다.
이대로 가면 나라가 분열되어 버린다!

링컨의 걱정대로 남부 정치인과 농장주들의 불만이 폭발했다.
웅성 웅성
링컨이 당선됐다네! 이대로라면 노예 제도는 폐지되고 말 거야!
그건 절대 안 돼!
빼질
빼질!
노예가 없으면 농장을 운영할 수 없어.
폐지되기 전에 우리가 연방을 탈퇴할 수 밖에!
흥
우리도!
우리 주도!
남부에서는 링컨의 노예 정책에 불안해하는 주가 연달아 연방을 탈퇴했다.

1861년,
연합국을
건국했고,
미국은
남부와 북부로
분단되어
그리하여
미국으로부터
이탈한
남부 지역의
주는
아이고…
아메리카 연합국
내전이
시작되었다.
남북
전쟁이었다.
우리는
아메리카
연합국을 세울
것이다!
제퍼슨 데이비스
아메리카 연합국 대통령

오오오오!
1861년 4월, 섬터 요새 전투를 시작으로
전선은 순식간에 확대됐고 양군은 몇 차례나 격돌했다.
기마대로 북군을 부숴 버려라!
로버트 에드워드 리
남군 총사령관

병사는 북군이 더 많았지만
전쟁 초반은 남군이 우세를 보이고 있었다.
큰일 났어! 일단 후퇴하라!
우와아아아아
율리시스 그랜트
훗날의 북군 사령관

북부 워싱턴 D.C.
남군에게 밀리고 있는 것 같군.

네.
남군의 지휘 능력이 뛰어나고 기마대도 만만치 않은 것 같습니다.

…게다가 아무래도

면화를 수출하는 영국과 프랑스가 남군에 협력하고 있는 모양입니다.
뭐라?

안그래도 내전 때문에 힘든 시기에 외국까지 개입한다니!
서둘러 대책을 세워야 해!

1862년 미국 서부
이거 들었니? 새로운 법률 말이야!

21살 이상이면 남편을 잃은 여성이라도 괜찮대.
그렇구나~
160 에이커의 땅을 빌려서 5년 동안 거기서 살면※ 땅의 소유권을 준대!
※ 정확히 말하자면 연방정부의 공유지에 5년간 정착해 농사를 지은 자

자영 농지법이라고도 부르는 '홈스테드 법'은 부유층에 반발했던 서부나 남부의 농민들에게 인기를 끌었다.
땅을 준다면 나는 북군 편이 될거야.
나도!
그렇지만 '미합중국 정부에 대해 무기를 든 적이 없는 자'라는 조건이 있어.

그러나 링컨이 추진한 이 방법으로도 전세 역전은 일어나지 않았다.
전쟁 상황은 역시
만약 이 상황에서 영국이나 프랑스가 연합국을 국제적으로 승인해 버리면

헛
아니,
차라리 지금인가? 노예 해방을 전 세계에 호소하는 게 좋을 수도!
링컨은 노예제도의 확대나 유지에 반대했지만 즉시 철폐하는 것까지는 생각하지 않았고
전쟁이 시작된 이후에도 북군 내의 노예제도 찬성주를 고려해 노예 해방 문제에 대해 언급하지 않았다.
급격히 정세가 나빠져 노예제도의 반대는 커녕 전쟁에서도 지고 말 것이다.

그렇게 되면 노예제도에 반대하는 영국이나 프랑스가 우리를 지지할 것이니.
심의를 거듭한 링컨은 1862년 9월, 예비 선언문을 발행한다.

오오오오오오오오오오
지금부터 연합국 내의 모든 노예를
이 법률로써 해방한다!
또 그 이후에도 자유다.
A Proclamation
이듬해 1863년 1월 1일, 노예 해방 선언이 선포됨에 따라 북군에 적대중인 모든 주의 노예제도가 폐지되었다.
남부의 흑인 노예가 해방되면서 남군은 점차 혼란에 빠지기 시작했고,
또한, 이 선언으로 노예제도에 반대하는 영국 · 프랑스와 남부 사이의 관계를 끊는 것에 성공한다.

공업 지대를 가지고 있던 북부는 기세를 틈타 경제 회복에 힘썼고,
전세도 북군으로 역전되기 시작했다.
제퍼슨 데이비스
부들
부들
구깃
링컨 이 자식! 남부의 독립을 위한 전쟁을
노예 해방 전쟁으로 바꿔 버리다니!

같은 해 7월, 펜실베이니아주 게티즈버그
남북 전쟁 최대의 전투가 벌어졌다.
탕
탕
탕
탕
탕

탕
탕
쾅
북군이 새로운 총기와 야전포를 사용해 조직적인 공격을 퍼부은 것에 비해

쾅
그 위력을 얕잡아 본 남군은 정면을 향해 가로 일렬로 전진했다. 그것이 승패를 좌우하는 요인 중 하나가 되었다.

남군 병사가 후퇴한다!
우리의 승리다!
이 전선으로 승리할 수 없다니… 철수하라!
로버트 에드워드 리
남부군 총사령관
5만 명 이상의 사상자를 낸 게티즈버그 전투는 북군의 승리로 끝이 났고,
남북 전쟁의 흐름을 결정짓는 전환점이 되었다.

1863년
11월 19일
링컨은
게티즈버그의
헌정기념식에서
연설을 했다.
87년 전,
우리 선조들은
자유에
기반을 두고
모든 사람은
평등하게
창조되었다는
신념을
바탕으로
이 땅에
새로운
나라를
세웠
습니다.

와아
우리는 모두 굳게 결의해야 합니다.
국민의, 국민에 의한, 국민을 위한 정치가
이 땅에서 사라지지 않도록!!
아아아아아
이 연설은 미국 민주주의 정신을 상징하는 것으로, 지금까지도 널리 알려져 있다.

같은 해 4월 9일
버지니아주
아포마톡스에서
남군의 '리' 장군이
항복을 선언했고,
북군의 '그랜트' 장군과
항복 조건에 대해
논의했다.
이후
북군이
전쟁에서
우위를
차지했고
1865년
4월 2일,
아메리카
연합국의 수도
리치먼드가
함락된다.

당시 미국 인구
3천만 명 중
약 62만 5천 명의
목숨을 앗아간
4년에 걸친
남북 전쟁이
드디어
종결되는
순간이었다.
전쟁 종결 후
4월 14일

링컨과
그의 아내 '메리'는
워싱턴 D.C.
포드 극장에
있었다.
무척
기쁜가 봐,
당신?
메리 토드 링컨
링컨의 아내
전쟁이
끝나고
하나가 된
미국을
보니
이제야
마음이
놓이는군.
탕

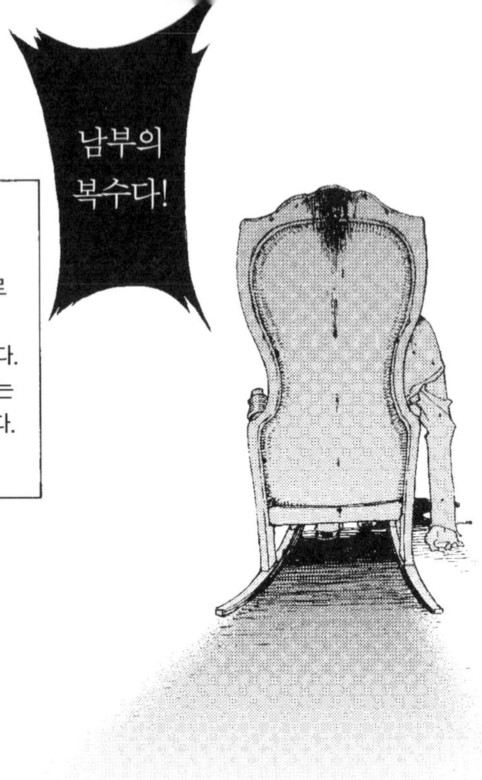
남부의 복수다!

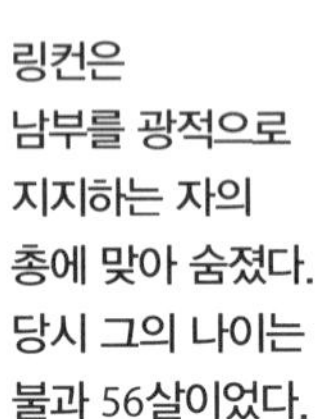
링컨은 남부를 광적으로 지지하는 자의 총에 맞아 숨졌다. 당시 그의 나이는 불과 56살이었다.
남북 전쟁이 끝난 지 엿새 후의 일이었다.

미국 의회에서는 노예제도 금지가 규정되어 있는 수정헌법 제13조를 그해 안에 적용시키기로 했다.

링컨의 뜻을 계승합세!
각 주의 비준을 진행해 나가자.

수정 헌법
제13조 제1항

노예제도는
미국 관할 내의
어느 장소에서도
존재할 수 없다.

해방되긴
했지만…
어떻게
살아가야
하나.
더구나
그러나
인종을
막론하고
모든 여성은
투표권이
없었고
1920년에
들어서야 겨우
여성의
투표권이
인정되었다.

지주님!
후훗…
여기서
일하게.
해방 노예가
이전의
지주에게
토지를 빌려
경작하고,
수확한 양의
절반 이상을
지불해야 하는
불공평한
계약으로
다시 고용되는
일도 많았다.

'셰어크로퍼'
라고 불리는
이 제도로는
빈곤에서
벗어나지 못해
흑인들의
살림살이는
개선되지
않았다.

WHITES ONLY
(백인 전용)
남부 지역에서는 대중교통이나 대중시설을 이용함에 있어 흑인과 백인이 법적으로 분리되었고,
흑인들의 투표권도 여러 방식으로 방해 당했다.
COLORED
(유색 인종 전용)

그런 가운데 남북 전쟁 후 미국 경제는 눈부시게 발전했다.

골드러시와 자영 농지법을 계기로 전 세계에서 노동자가 몰려왔다.

1869년에 첫
대륙횡단철도를
개통시켰고,
이에 앞서
유선 전신으로
서부와 동부를
연결했다.
1860년대에
급증한
흑인 노예보다
임금이 싼
중국인 노동자를
대량으로 고용해

넓은
아메리카
대륙이
교통과
통신망으로
이어지면서,
거대한
국내 시장이
형성되었다.
서부나 남부의
식량 · 원자재 ·
연료가 동부나
오대호 연안의
공장에서
가공 · 소비
되었던 것이다.

CARNEGIE
STEEL CO
앤드루 카네기
1835년 스코틀랜드 출생
1848년 미국으로 이주해
철강업으로 성공한 기업인
거대한
시장을
배경으로
철강업이나
석유 정제·
화약 기술 등
산업이
급속히
성장했다.
아버지
듀폰 일족
프랑스 혁명으로 망명함
미국에서 화약 사업을 시작해
남북 전쟁때 사업을 확대
존 D. 록펠러
1839년 뉴욕 출생
석유 산업으로
큰 재벌이 된 사업가
아들
아들
한편
1870년대에 들어서면서
저임금으로 일하는
중국인 노동자가
백인의 일자리를
빼앗는다는 이유로
배척 운동이 벌어졌다.

우리는 대륙횡단철도 건설에 공헌했다고!
공사가 끝나면 법으로 차별을 당해야 한다니!

그리고 1882년, 중국인 배척법이 의결되었다.
허
걱
이럴 수가!

시끄러워! 이미 결정된 일이야!
이민국인 미국에서는 이례적인 일이었다.

그리고 1890년, 서부개척의 진전으로
국경에 맞닿은 땅까지 전부 개척되었다.

19세기 말
미국은
영국과 독일을
제치고
세계 최대의
공업국이 되었다.
1860년에서
1890년 사이에
미국의
공업 생산액은
4배로 증가했다.

이 즈음부터
미국은
그때까지
소규모였던
군대,
그 중에서도
특히 해군력을
강화시켰다.
이에 따라
해외로
진출하는
제국주의적
정책을
요구하는
목소리도
높아졌다.
육군
해군
20세기 초의 미국은
정부의 규제를 용인하고
정부의 주체적인
사회개혁도
허용하게 된다.

미국은
19세기 말까지
알래스카, 하와이,
괌, 푸에르토리코를
획득해
지금 넓이의
국토를
완성하게 된다.
또한,
영국 등
유럽 국가와
함께 세계적인
강국이 되었다.

여기는
세계 최고의
나라다!
유럽에 있으면
우리는 가난한
농민이나 상인에
불과해.
하지만 미국에서
열심히 일하면
부자가
될 수 있어!
미국인 사이에
뿌리 깊게 박힌
자유와 평화와
민주주의.
자유와
평등의
나라야!

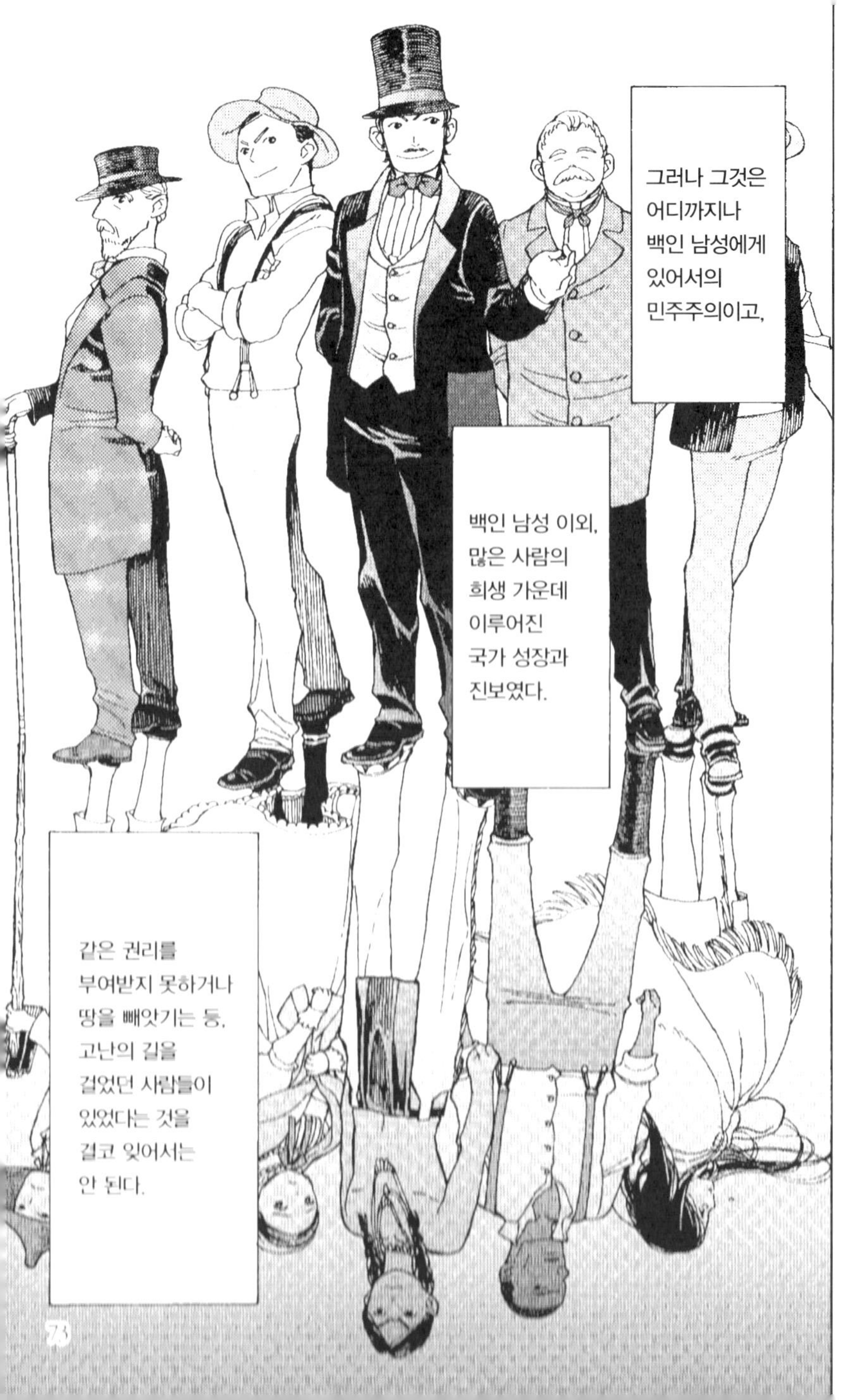
그러나 그것은 어디까지나 백인 남성에게 있어서의 민주주의이고,
백인 남성 이외, 많은 사람의 희생 가운데 이루어진 국가 성장과 진보였다.
같은 권리를 부여받지 못하거나 땅을 빼앗기는 등, 고난의 길을 걸었던 사람들이 있었다는 것을 결코 잊어서는 안 된다.

유럽의
전 지역을 휩쓴
나폴레옹 전쟁이
끝나고
전후 체제와
국제 질서를 정한
빈 회의에서
유럽
국가들을
프랑스 혁명
이전의
모습으로
되돌리려고
합니다!
메테르니히
오스트리아 제국 대표
이탈리아는
구체제로
돌아와
10개 국가로
분할되었다.

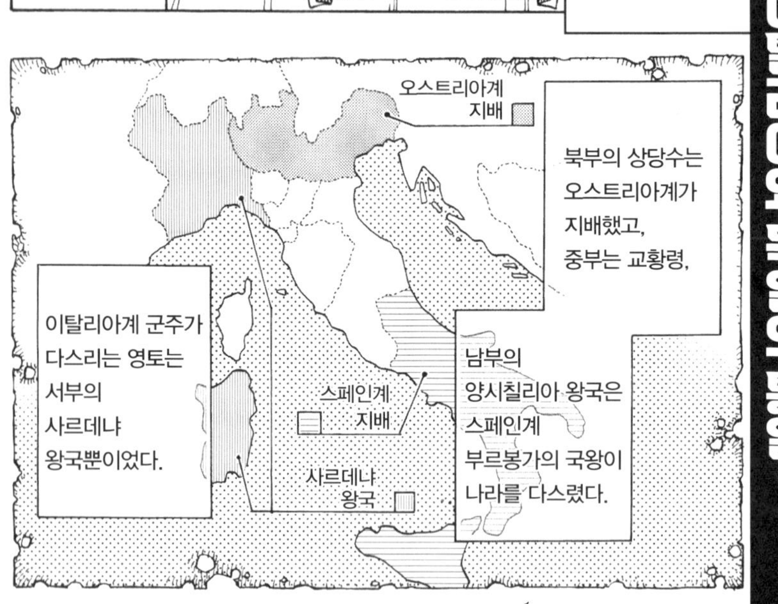
오스트리아계
지배
북부의 상당수는
오스트리아계가
지배했고,
중부는 교황령,
남부의
양시칠리아 왕국은
스페인계
부르봉가의 국왕이
나라를 다스렸다.
스페인계
지배
사르데냐
왕국
이탈리아계 군주가
다스리는 영토는
서부의
사르데냐
왕국뿐이었다.

그런 상황에서
각국의 지배를
물리치고
이탈리아 통일을
노리는
움직임이나
외국인
지배자는
나가라!
앞으로
우리 시민의
손으로
나라를 만들어
갈 것이다!
군주정은
낡은 제도라는
인식 속에서
공화정을
실현하려는
움직임이 보이기
시작했다.

1820년 나폴리 근교
먼저 일어선 것은
다양한 계급의 사람들이 참여한 비밀결사, '카르보나리당'이었다.
시민의 자유가 보장되도록 헌법 제정을 요구한다!
우리 양시칠리아 왕국의 국민들은 부르봉가의 전제정치를 용납할 수 없다!
이것은 혁명이다!
카르보나리당은 각지에서 반란을 일으켰고, 양시칠리아 왕국에서는 혁명을 일시적으로 성공시켰다.
그러나
남부 지방에서 일어난 혁명이 북부 이탈리아까지 퍼지면 곤란해진다.
군으로 반동을 진압하자.
이듬해 오스트리아가 군대를 출격시켜 혁명군은 패했다.

그리고 이 반도의 여러 국가들을 통합해서 …
나는 '청년 이탈리아당' 이라는 정치 결사를 만들겠어!
10년후, 이탈리아 통일을 노리는 인물이 나타난다.
카르보나리당 같은 비밀결사 활동으로는 한계가 있어.
지금 움직이지 않으면 안 돼.
각 나라와 도시가 독립되어 있는 게 이탈리아라고.
반도를 통일하겠다고?
우리들은 '이탈리아인' 이다 라고 민중의 의식을 바꿔야 돼!
'이탈리아'라는 공화제 국가를 수립한다!
우왓!
주세페 마치니
카르보나리당에 속했다가 이탈하고 '청년 이탈리아당'을 만든 인물

계획한
봉기에
실패하면서
조직이
무너지기
시작했고,
1837년,
마치니는
런던으로
망명했다.
씨익-
먼저
이 생각을
출판물로
널리
알리고
청년
이탈리아당은
1830년대 초반,
많은 지지자를
얻었으나
와
각지에서
민중에
의한
봉기를
일으키자.

민중의
목소리가 커지자
국왕은 헌법을 제정해
입헌 군주제를
도입했다.
하지만
민중
속에서
독립의
기운은
높아졌고
국왕의
전제정치는
더 이상
못 참아!
우
우
짜증
우
1848년,
양시칠리아
왕국의
팔레르모에서
대규모 반란이
일어났다.
우리에게
자유와
권리를!
이에 영향을 받은
토스카나 대공국과
사르데냐 왕국에서도
헌법이 제정되어
각지에서 개혁이
진행되었다.
팔레르모에서
일어난 반란은
시칠리아 섬
전체에 퍼졌고

1848 2월 혁명
파리
프랑크푸르트
드레스덴
프라하
빈
부다페스트
1848 3월 혁명
보르도
리옹
토리노
밀라노
베네치아
로마
1848년, 이탈리아뿐만 아니라 유럽 각지에서 민중에 의한 혁명과 봉기가 잇따랐다.
프랑스에서는 2월 혁명이 일어나 국왕이 망명했고
이탈리아를 지배하던 오스트리아도 빈에서 3월 혁명이 일어났다.
고오오오-

그 소식이 이탈리아에 퍼지자
오스트리아에서 메테르니히가 실각했대.
이제 정치활동도 장사도 자유로이 할 수 있을까?
지금까지 계속 오스트리아의 압박이 심했잖아….

오오오오
우리 이탈리아는 오랫동안 나폴레옹이나 오스트리아에 점령되어 왔다!!
이제 모두가 일어설 때다!

그리하여 1848년 3월
밀라노 시민들이 봉기를 일으켰습니다!
뭐라고…!
벌떡!
오스트리아의 지배하에 있던 밀라노에서도 반오스트리아 세력이 독립 봉기를 일으켰다.
여기는 우리 땅이야. 오스트리아는 나가라!
어쩔 수 없어. 여기는 일단 물러나자….

오스트리아군이 퇴각한 밀라노에는 임시정부가 수립되었다.
이런 움직임은 베네치아에서도 일어났고, 이를 틈타 사르데냐 왕국이 행동에 나섰다.
전하! 밀라노에서 민중이 봉기했습니다.

잘했어! 북이탈리아를 우리 것으로 만들 절호의 기회야.
오스트리아에 선전포고다!
카를로 알베르토
사르데냐 왕국 제7대 국왕

사보이아 가문의 일파인 사르데냐는 유일한 이탈리아계 군주였고, 오스트리아에 대한 선전포고에 많은 이탈리아인이 환호했다.
오
오!
사르데냐와 함께 싸우자!
북이탈리아를 되찾자!

로마 교황령이나 나폴리, 토스카나 등 각지에서 의용병이 속속 모여들었고,
쩌벅
쩌벅 쩌벅 쩌벅
교황령에서 의용병이 왔어!
교황님께서도 분명 이 전투를 지지하시는 거야!
이것은 신이 인정하신 전투야.

점차 이탈리아의 독립을 위한 전투가 되어가고 있었다.
이것이 '제1차 이탈리아 독립 전쟁'이다.

전시 상황은 당초 사르데냐가 우세해 보였으나,
본국으로부터 지원군이 왔습니다.
척!
좋아! 지금부터 반격을 시작한다!
라데츠키
오스트리아군 장군
지원군이 투입된 오스트리아군은 장군의 지휘로 6월에 전세를 역전시켰고,
결국 사르데냐는 패배했으며 이탈리아 각국에 실망감이 퍼졌다.
독립은 어떻게 되나?
기댈 만한 나라는 없는 건가…
게다가 이 전쟁 중에 로마에서는 교황의 배신이라는 생각지도 못한 일이 벌어졌다.
저는 이 투쟁에 참가할 수 없습니다.
가톨릭의 대표로서 오스트리아에 대해서도 중립을 유지해야 합니다.
비오 9세
교황

교황에 대한
불만을 가진
민중들은
시위를 벌여
교황 비오 9세의
중립 선언은
민중들로부터
큰 반발을 사면서
가톨릭의
우두머리라고 해도
교황령은 여기
이탈리아에
있잖아!
교황님이
이탈리아
통일의
상징이 될 줄
알았는데….
꾸깃…

교황
비오 9세는
슬그머니
로마를
떠났다.
우 우 우
교황 님,
민중들이
몰려
왔습니다!
위험
합니다.
어서
피난을!
DIO
E
POPOLO
교황이 떠난
로마에는
임시 평의회가
만들어졌고,
다음 해
1849년 1월,
21살 이상의
남성에 의한
보통선거를
실시했다.
2월에 개회한
의회에서는
로마 공화국이
성립되었다.

지난 해 망명지에서
돌아온 마치니가
로마 시민
봉기를
지도하고
있었다.
이례적
이었지만
오랫동안
꿈꿨던
공화정의
나라가
실현되었어!

마치니는
로마 공화국의
집정관으로
임명된다.
당장
의회에서
말하고
싶은 게
있어!
꼭
듣고
싶어요!

성직자의
재산은
국가가
소유하고
사법·교육 제도의
개혁이나
세제의 정비 외에
출판의 자유도
실현합시다!
찬성!
찬성!
그러나
큰일났습니다!
프랑스가
쳐들어왔습니다!
뭐라고!

다른 나라는 로마 공화국을 국가로 인정하지 않았다.
이 혼란 속에서 오스트리아가 쳐들어올 수도 있다….
로마에 군사를 파견하자.
로마 교황도 귀환시켜야 하니.
이라!
루이 나폴레옹 보나파르트
프랑스 대통령

생긴지 얼마 안된 로마 공화국을 주변국이 연달아 공격했고, 주둔했다.
프랑스는 3만 5천 명의 병사를 로마로 보냈다.
또한 오스트리아군이 교황령의 서쪽 인접국인 토스카나 대공국에 주둔했다.

이때
로마에서
프랑스에 맞서
싸운 사람이
가리발디 님!
으음.

마치니의 청년
이탈리아당에
가담하다
실패하고 오랜
망명생활 끝에
가자!
그 사람
밑에서 다시
싸우게 될
줄이야…!
후에
'이탈리아
건국의 영웅'으로
불리는
가리발디였다.
가리발디
망명지인 남미에서 독립운동에 참가
의용군을 이끌고 싸워
게릴라전 지휘 경험을 쌓음
엄청난
프랑스
군이!
어버버

으악아
어느새…!
새로운 우리나라를 지키기 위해!
전투는 병사의 수가 아니다. 전술이야! 가자!
그러나
가리발디와 그의 병사들은 로마 시내에서 약 한 달동안 전투를 이어갔다.
와아!
대단해! 가리발디 님을 뒤따르자!
가리발디는 남미에서의 게릴라전 경험을 살려 성과를 올렸고, 명성을 얻었다.
일단 물러가자. 목숨을 헛되이 해서는 안 돼.
마치니와 가리발디는 해외로 도망쳐 국외에서 저항 운동을 지휘, 지원해 나간다.
프랑스군에 패배하고 만다.
이렇게 로마 공화국은 고작 5개월만에 사라지게 되었다.

이탈리아 통일은 물거품이 된 것 같았다.
밀라노
로마
사르데냐 왕국
양시칠리아 왕국
밀라노와 양시칠리아 왕국에서도 봉기를 계획했으나 모두 실패했다.
비토리오 에마누엘레 2세
사르데냐 국왕
그런 가운데 사르데냐 왕국에서는
제1차 이탈리아 독립 전쟁이 한창일 때 '카를로 알베르토'가 퇴위하고, 그 자리에 '비토리오 에마누엘레 2세'가 즉위했다.
입헌군주정 속에서 근대화를 추진하면서

1852년
비토리오 에마누엘레 2세는 국정을 지탱해 온 인물을 수상에 임명했다.
사르데냐 왕국 총리로서…

카밀로 카보우르를 임명한다!
우선 국력을 길러야겠어
오스트리아로부터 북이탈리아를 탈환하기 위해…!
꽈악-

카보우르는 사르데냐 왕국의 수도, '토리노'의 명문 귀족 출신이었고
반짝
영국과 프랑스에서 행정, 의회제도 등을 배웠다.
카보우르는 자유무역의 추진, 철도 부설, 공교육에 힘쓰는 등
자유주의적 개혁을 추진하면서
군대 정비도 진행해 사르데냐의 국력을 높여 갔다.

이탈리아 각지의 활동가들은 사르데냐에 관심을 기울였다.
새 국왕은 말이 좀 통하는 모양이군.
오스트리아가 밀라노를 공격할 때 사르데냐가 군을 파견했다고!
사르데냐 왕은 이탈리아 통합의 상징으로 적합하지.

사르데냐의 동향에 대한 기대가 높아지는 가운데 카보우르는 외교적 역량을 발휘한다.
1858년 7월, 프랑스 휴양지 플롱비에르
만나 뵙게 되어 영광입니다.
루이 나폴레옹… 아니

나폴레옹 3세 황제 폐하.
…어서오게나 카보우르 수상.
사르데냐 왕국 단독으로는 오스트리아를 이길 수 없다. 그렇다면…
단도직입적으로 말씀드리지요.
오스트리아와의 전쟁에 대비해 프랑스와 동맹을 맺고 싶습니다.

반짝
오스트리아
사르데냐
롬바르디아
오스트리아로부터 '롬바르디아'를 되찾으려고 합니다.
그렇게 해서 북이탈리아 왕국을 만들 것입니다.
이때 카보우르의 목적은 어디까지나 사르데냐 왕국이었던 북이탈리아에서의 영토 확장이며 이탈리아 통일까지는 생각하지 않고 있었다.

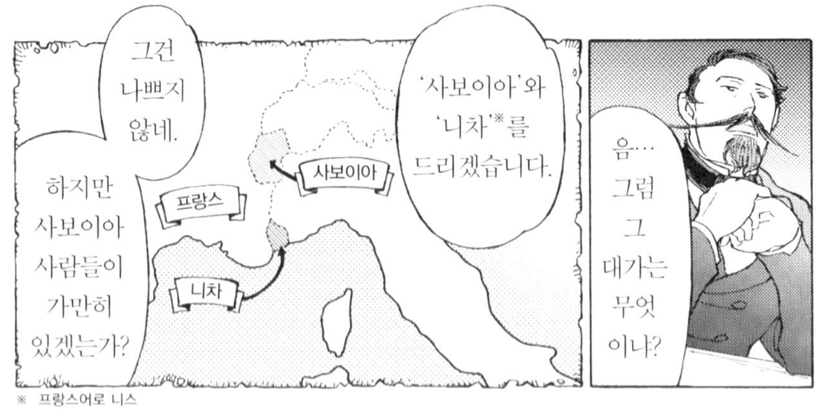
음… 그럼 그 대가는 무엇이냐?
'사보이아'와 '니차'※를 드리겠습니다.
그건 나쁘지 않네.
하지만 사보이아 사람들이 가만히 있겠는가?
프랑스
사보이아
니차

※ 프랑스어로 니스

호오…

사보이아 왕가의 공주와 폐하 사촌과의 혼인을 약속 드리겠습니다.

꽈악!
받아 들이겠소.
이 회담을 '플롱비에르 밀약'이라 부른다.

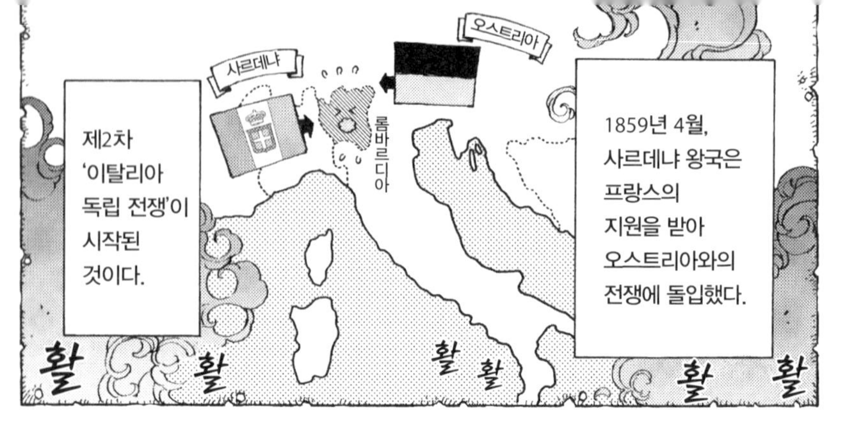
제2차
'이탈리아
독립 전쟁'이
시작된
것이다.
사르데냐
오스트리아
롬바르디아
1859년 4월,
사르데냐 왕국은
프랑스의
지원을 받아
오스트리아와의
전쟁에 돌입했다.
활 활 활 활 활 활

20만여
명의
오스트리아
군사에
대적해
사르데냐군
5만 6천 명
프랑스군
12만
8천 명
프란츠 요제프 1세
오스트리아 황제
이탈리아로
돌아온
가리발디도
3천 2백 명의
의용군을 이끌고
참전했다.
사르데냐와
프랑스 동맹군은
승승장구했지만
알프스의 사냥꾼 기병대 장군

여기서 예상치 못한 일이 벌어졌다.
뭐라고?
나폴레옹 3세가 단독으로 오스트리아와 휴전했다고?
전쟁의 장기화를 우려하는 프랑스 국내의 반발과 사르데냐의 강대화를 두려워한 나폴레옹 3세가
단독으로 오스트리아와 강화를 맺은 것이다.
화기애애
프란츠 요제프 1세
오스트리아 황제

카보우르는 분노한 나머지 수상직을 사임했고 사르데냐도 휴전했다.
우씨!
이런 휴전협정 인정할 리가 없잖아!
이탈리아 민중은 불만을 품고,
실망이야.
특히 공화정을 바라는 사람들이 로마로 몰려들었다.

역시 이탈리아의 중심은 로마지.
교황의 거처이자 고대부터 이어지는 역사를 가진 로마는
이탈리아를 상징하는 특별한 도시로 여겨졌다.

오스트리아도 그렇고 프랑스도 마찬가지!
왜 자기들 멋대로 우리를 지배하려 하는가!
뜻이 있는 자여, 함께 로마로 향하자!

사르데냐 왕국 주도 하의 이탈리아 통일을 꿈꿨던 카보우르는
이대로 가면 로마도 이탈리아도 공화정에 흡수되고 만다….
뭔가 대책을 세워야 해.
위기감을 안고 수상직에 복귀했으며

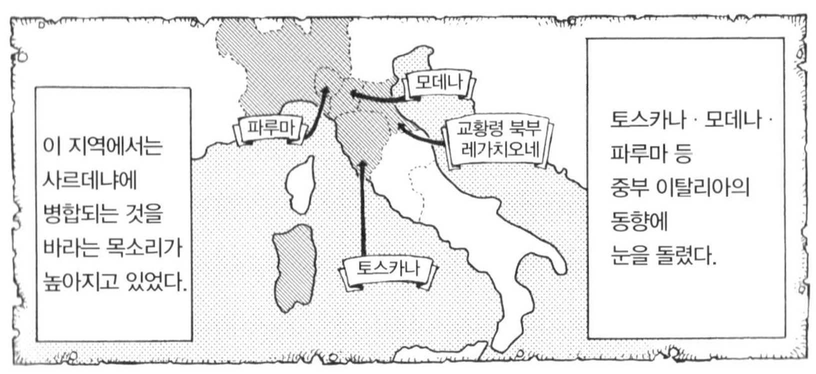
토스카나 · 모데나 · 파루마 등 중부 이탈리아의 동향에 눈을 돌렸다.
모데나
교황령 북부 레가치오네
파루마
토스카나
이 지역에서는 사르데냐에 병합되는 것을 바라는 목소리가 높아지고 있었다.

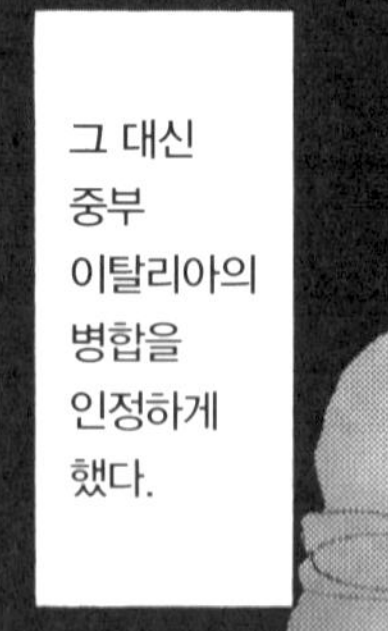

카보우르는
사르데냐 서부의
사보이아와 니차를
프랑스에 양도하고,
그 대신
중부
이탈리아의
병합을
인정하게
했다.

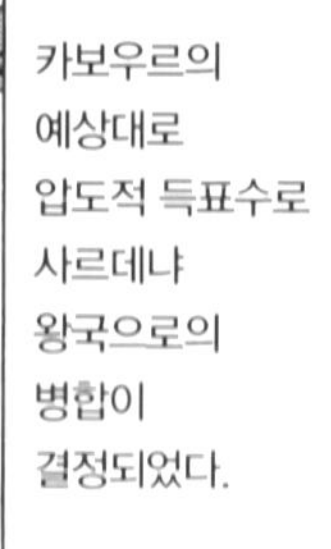

1860년 3월,
이 병합 여부를 묻는
주민투표가
중부 이탈리아
각국에서 실시되고,
카보우르의
예상대로
압도적 득표수로
사르데냐
왕국으로의
병합이
결정되었다.

이런
카보우르의
외교에
가리발디는
반감을 높였다.
카보우르
이 자식…
니차를
프랑스에
양도하다니!
내 고향을
이탈리아의
외교 거래로
사용한 것은
용서할 수
없어!
찌릿…

사르데냐 왕국
제노바 항
가리발디 님 제발 시칠리아를 살려 주세요!
저벅저벅
저벅저벅
가리발디 님 시칠리아 섬에서 반란이!
시민들이 도움을 요청하고 있습니다!
양시칠리아 왕국에서는 부르봉가 국왕의 압제정치 때문에 종종 반란이 일어났다.

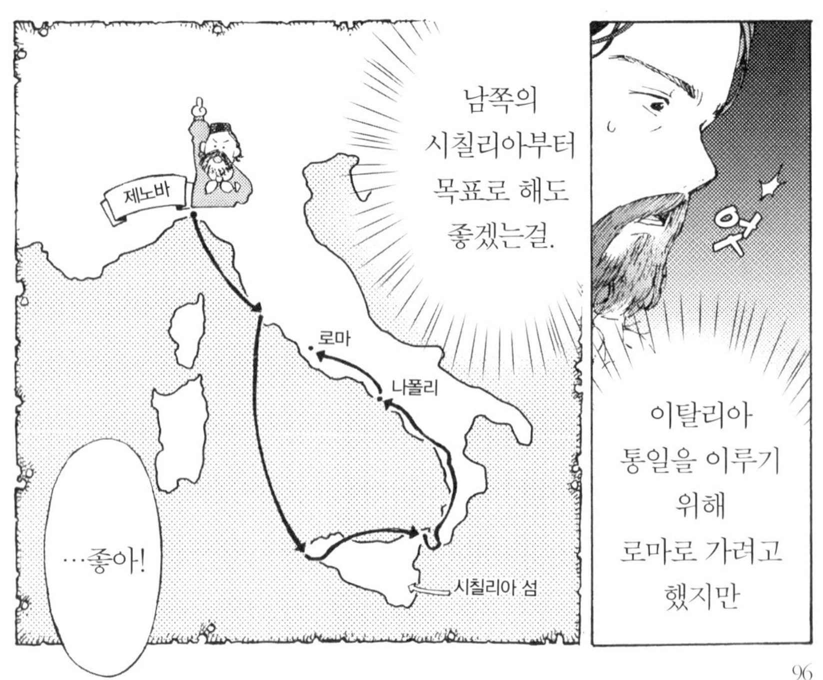
이탈리아 통일을 이루기 위해 로마로 가려고 했지만
앗
남쪽의 시칠리아부터 목표로 해도 좋겠는걸.
제노바
로마
나폴리
시칠리아 섬
…좋아!

가리발디는
1천 명이 넘는
의용병을
배에 태우고
시칠리아 섬으로
향했다.
이리하여
그의 부대는
'천 명의 원정대'
혹은
'붉은 셔츠대'로
불렸다.
동지들이여!
함께
시칠리아로
향하자!

다들!
잘 들어라.

시칠리아 섬에는
가리발디 군사의
3배에 육박하는
적군이
기다리고 있었다.
젠장
적이
너무
많아.
우선
철수해야
하나…?

이 싸움에 이탈리아가 태어나느냐
망하느냐가 달려있다!
…맞아!
우리들의 나라를 만들어 가는 거야…!
가리발디대는 이탈리아 반도로 건너가 양시칠리아 왕국의 수도, 나폴리에 들어갔다.
나폴리
시칠리아 섬
우오오오오
그들이 시칠리아 섬을 장악했을 때
새로운 의용병과 현지 주민까지 가세해 가리발디대의 병력은 1만 명이 넘었다.
기세를 올린 가리발디대는 적을 격파하며 계속 진격했다.

사르데냐 왕국의 카불들은 가리발디의 움직임을 주시하고 있었다.
폐하, 가리발디가 나폴리로 들어왔습니다.
이대로 그들만 싸우게 할 수는 없습니다.
내가 나설 차례군.

양시칠리아 왕국의 미래를 묻는 주민투표가 실시되었고 여기서 압도적인 차이로 사르데냐 왕국으로의 병합이 결정되었다.
와아!
사르데냐 국왕 밑에서 이탈리아 통일을!
나폴리에서는 적군이 전투를 마다해 싸움 없이 입성할 수 있었다.

그리고 10월 26일, 나폴리 북방 '테아노'에서
민중이 원한다면 난 괜찮아….
이것도 이탈리아 통일을 위해서야.
가리발디는 공화정을 목표로 하고 있었으나

가리발디는 남하해 온 비토리오 에마누엘레 2세와 회견했다.
양시칠리아 왕국을 폐하께 바치나이다.
잘했다. 가리발디.

카보우르는 왕국이 성립된지 3개월 만에 병으로 세상을 떠났다.
마치니는 로마 중심의 공화정 국가를 꿈꾸며 해외에서 활동하게 된다.
사회주의자 '마르크스'를 주축으로 모인 '제1인터네셔널' 설립에도 참여했다.
가리발디는 의용군을 이끄는 등 자유주의를 위해 행동을 계속했다.
그리하여 1861년 3월
비토리오 에마누엘레 2세가 국왕에 오르고
토리노를 수도로 하는
이탈리아 왕국이 성립되었다.

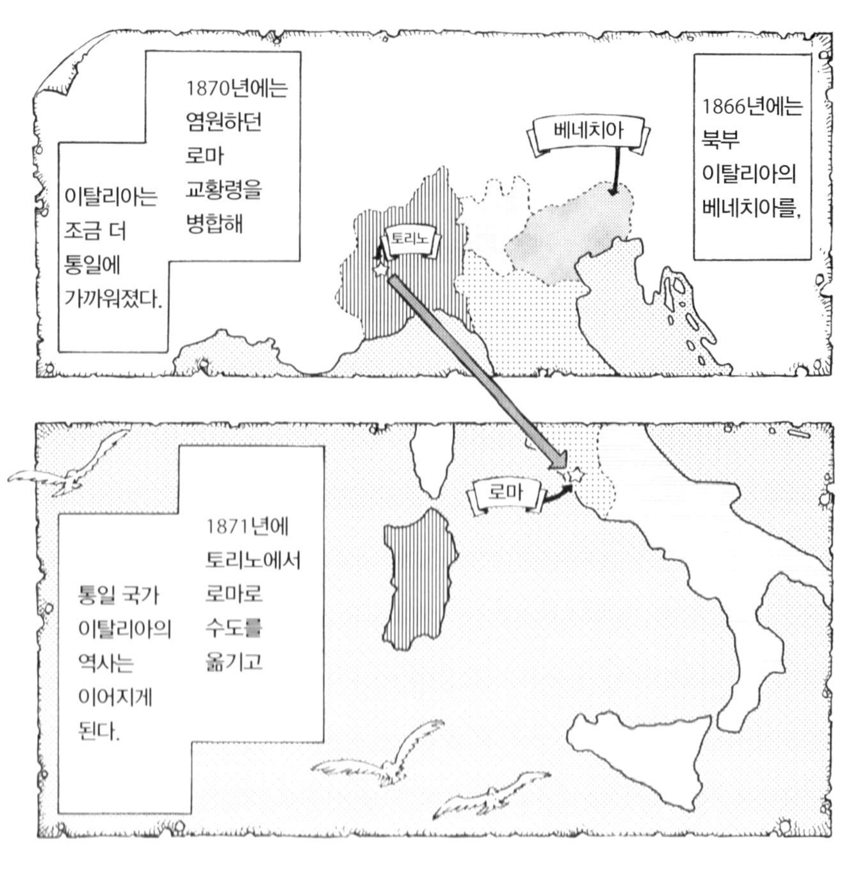
1866년에는 북부 이탈리아의 베네치아를,
베네치아
1870년에는 염원하던 로마 교황령을 병합해
이탈리아는 조금 더 통일에 가까워졌다.
토리노
로마
1871년에 토리노에서 로마로 수도를 옮기고
통일 국가 이탈리아의 역사는 이어지게 된다.

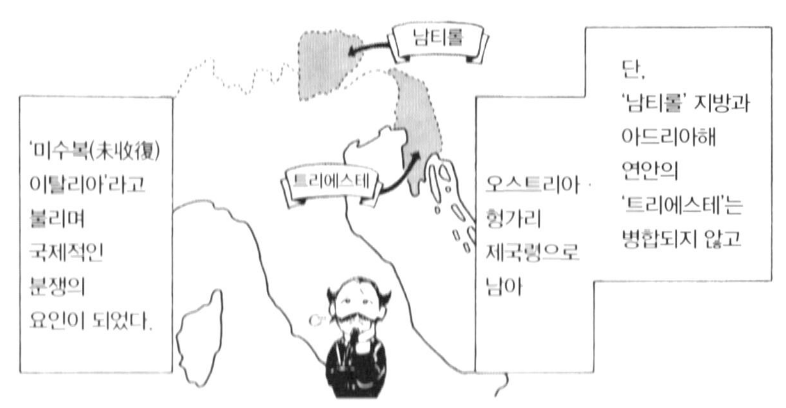
남티롤
단, '남티롤' 지방과 아드리아해 연안의 '트리에스테'는 병합되지 않고
오스트리아 · 헝가리 제국령으로 남아
트리에스테
'미수복(未收復) 이탈리아'라고 불리며 국제적인 분쟁의 요인이 되었다.

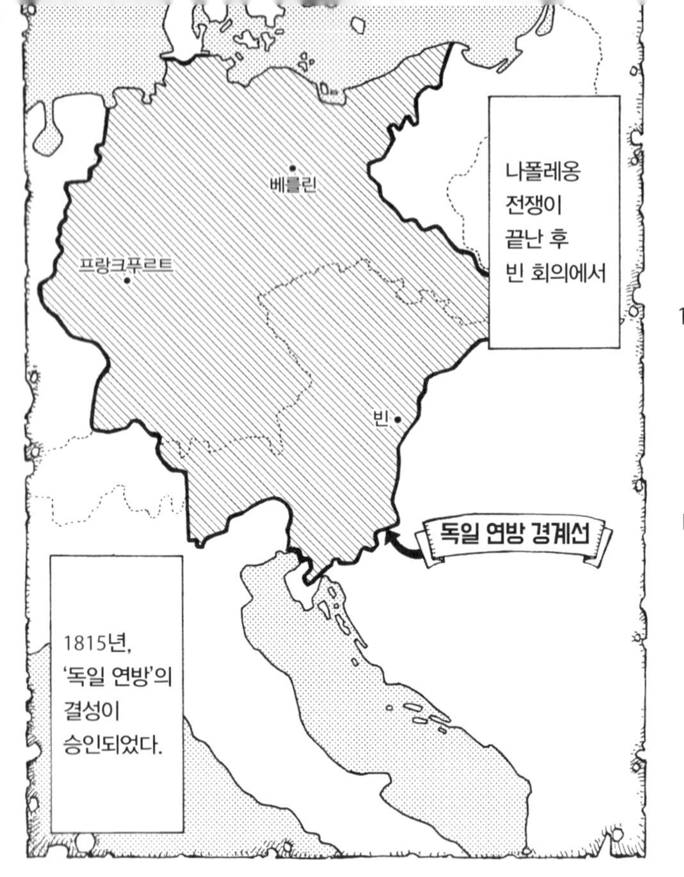

19세기 유럽에는
국민 국가로의
통일을 바라던
또 하나의
나라가 있었다.

바로, 독일이다.

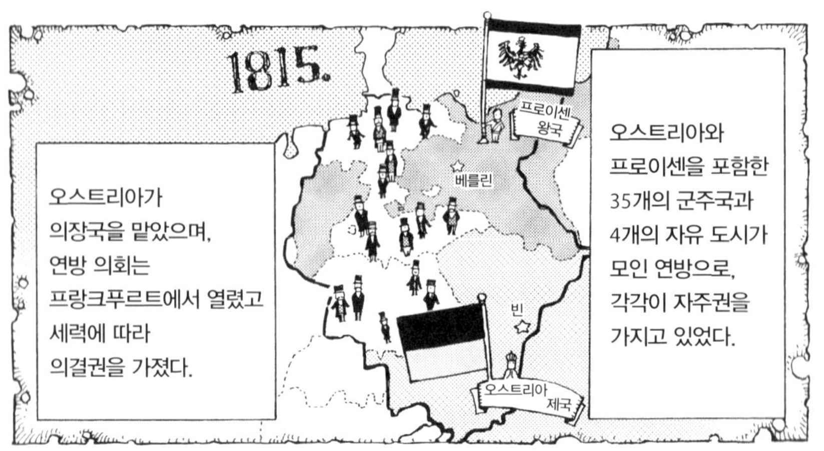

그 계기가 된 것은 1807년~1808년, 나폴레옹 점령하의 베를린에서 열린 철학자 피히테의 강연,
'독일 국민에게 고함' 이었다.

여러 나라의 연합체에 지나지 않았던 독일 연방 하에서는 '독일'이라는 국민국가를 창립하자는
여론이 고조되고 있었다.

나는 독일 사람들을 위해 이 강연을 하고 싶다.
왜 독일인을 위한 것이냐?
그 이외의 어떤 통일적 명칭도 모두 진리나 의의가 없기 때문이다.

로마적이지 않음
로마적
'독일'이라는 말은 고대 로마시대의 '로마적이지 않은 민중'이라는 로마 옛말에서 파생된 것으로,
이후 유럽 중앙부와 그곳에 사는 사람들을 의미하게 되었다.
이 강연으로 독일인들의 국민 의식이 크게 높아졌다.

19세기 초,
이들은
자신의 조국이
프로이센이나
바이에른이라고
생각했으며

스스로를
독일인으로
정체화하는
일은
드물었다.

그러나
프랑스 지배라는
수모를 겪으면서
독일인에 의한
국가의 형태를
의식하게 되었다.

반면, 독일의 정치적 통일은 쉽지 않았다.

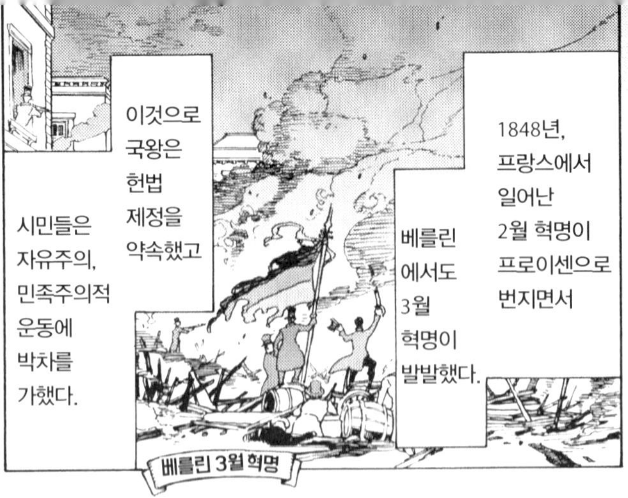

비독일계 주민이 많은 오스트리아는 나라를 나누는 것은 어렵다며 대독일주의에 반대했다.

그러나
프로이센
국왕은
샤를로텐부르크 성
다른 제후의
동의 없는
황제 자리는
인정 못하겠네.
독일
황제위를
거부했다.
프리드리히 빌헬름 4세
프로이센 국왕
의회가 정한 황제
자리 따위,
오스트리아가
어떻게
반응하겠어….
모든 게
물거품으로
돌아갔고,
국민 의회도
해산 상태가
되었다.

이후 한동안
독일 정치는
보수 쪽으로
반동이
일어나면서
번뜩
헤엑
자유주의적
움직임이
단속되었다.
한편,
시장의 통일로
경제는 발전했고,
독일에서
산업혁명도
시작되었다.

1850년대에는
이미 진행된
철도 부설을
계기로
면직물과
같은
경공업은
영국이
앞서고
있구려.
그렇다면
우리는
제철과 기계로
세계를 선점해
나가자고!

이처럼 프로이센의 경제력은 성장하고 있었으나, 정치적인 갈등은 심각해져만 갔다.

군대를 키우려는 국왕과 자유주의를 외치는 의회 사이, 전면 대결이 펼쳐지면서 통일의 꿈은 더욱 사그라들고 있었다.

그런 가운데 한 정치인이 나타난다.

비스마르크는 '융커'라 불리는 봉건적 지주 귀족으로
프로이센 왕을 지지하는 전통적이고 보수적인 지배계급 출신이었다.
그는 젊은 시절부터 지방의 정계에 진출해
제가 첫 번째로 생각하는 건
우리 프로이센의 국익과 군주권입니다!
독일 연방 내, 주도권을 노리는 오스트리아를 적대시하고 있었다.

수상에 임명되기 전에는 외교관으로서 러시아 대사, 프랑스 대사를 역임했다.
러시아
프랑스
우리 프로이센의 미래를 위해서는 오스트리아와 결별하고
프로이센을 중심으로 한 독일 통일을 이뤄야 해.
꾸욱…
유럽 정세에 따라 소독일주의 안에서의 독일 통일 결의를 다져 나갔다.

프로이센 왕국의 새 수상은
1862년

프로이센 의회 하원 예산위원회
취임하자마자 의회가 군비 확장을 위한 예산을 부결시켰다. 그때,
아직도 모르고 계시는군요…
현재 일어나고 있는 문제들은
오토 폰 비스마르크!
비스마르크는 국왕의 지명으로 수상 자리에 취임한다.

웅성
철과 피…
그건 총알이나
병사들의 피…?
웅성 웅성 웅성
그럼
군사력으로
독일을
통일시킬
셈이야?
연설이나
다수결이
아니라
철과 피에
의해서만
해결될 수
있는 것입니다!
이 연설로
비스
마르크는
철혈
재상이라는
별명을
얻게 된다.

비스마르크는
곧 행동을
개시한다.

총리!

덴마크의
새 국왕이
슐레스비히 공국,
홀슈타인 공국 중

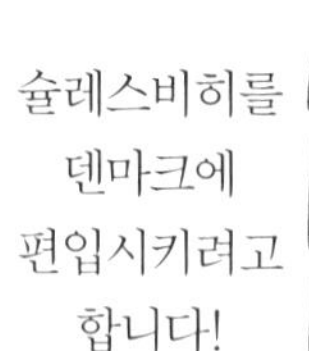
슐레스비히를
덴마크에
편입시키려고
합니다!

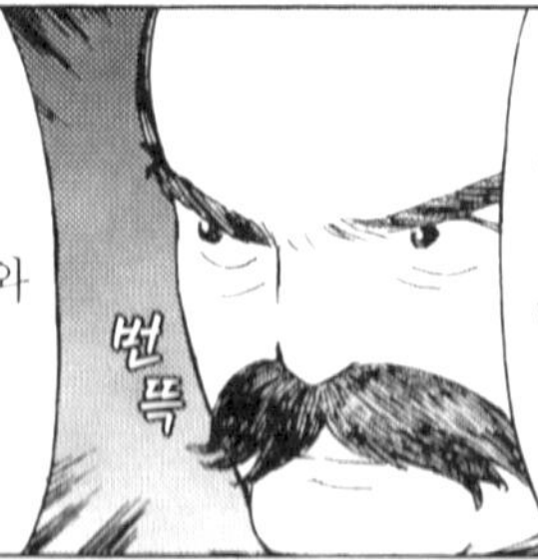
그 지역은
독일계 주민들
대다수가
덴마크로부터의
해방을
희망하고 있다.
번뜩

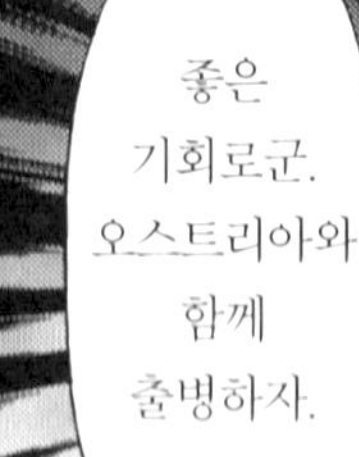
좋은
기회로군.
오스트리아와
함께
출병하자.

1864년에 시작된
덴마크와의 전쟁은
프로이센과
오스트리아군의
승리로 끝났다.
덴마크 왕국
슐레스비히
홀슈타인

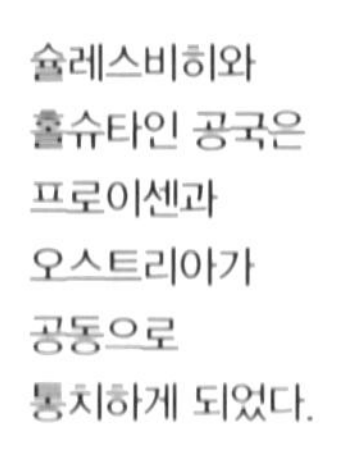
슐레스비히와
홀슈타인 공국은
프로이센과
오스트리아가
공동으로
통치하게 되었다.

그러나,
비스
마르크는
독일 통일에
오스트리아는
방해만 될뿐.
삐걱
이쯤에서
없애고
싶은데…

1866년, 프로이센과 오스트리아 사이의 전쟁※이 시작된다.
워어어어
프로이센은 오스트리아 영토에 군을 보내 도발했다.
어!
※ 보오 전쟁. 독일 연방 내에서의 주도권을 둘러싼 싸움
쾨니히그레츠 전투
어떤가 몰트케 참모총장.
동감입니다. 전쟁을 위한 준비는 끝났습니다.
몰트케
프로이센군 참모총장

크루프 사
철강, 기계, 병기 제조 회사. 이후 독일을 대표하는 기업이 됨
경뇌관소총
크루프 대포
우리에겐 기술이 있다.
크루프 공장은 대포도 라이플도 성능이 좋아.
발달된 철도망으로 병력을 빠르게 투입할 수 있고 전신을 통해 전쟁 상황을 신속하게 전달할 수 있어.

와아
몰트케는 산업혁명으로 발전한 철도와 전신 등을 전략으로 활용해
불과 7주 만에 오스트리아 군을 상대로 승리했다.
아아
아아
아!
구식인 오스트리아군 따위 적이라고도 할 수 없군.

오스트리아는 독일 통일의 주도권을 잃고 헝가리로 눈을 돌렸고,
베를린
오스트리아 · 헝가리 제국
빈
부다페스트
이듬해인 1867년, 오스트리아 · 헝가리 제국을 성립시켰다.
같은 해 프로이센을 중심으로 북독일 연방이 결성되었다.
남은 것은 프랑스의 영향이 큰 남부 독일인가….
그런 프로이센의 기세를 경계하고 있었던 것이

페하! 큰일 났습니다.
나폴레옹 3세
프랑스 황제
프로이센이 점점 세력을 확대하고 있다.
우리 나라에도 영향을 주지 않으면 좋겠군.

반란으로 자리가 비어 있는 스페인 왕 후보에
프로이센 왕의 친척
호엔촐레른가의 레오폴트가 거론 되었다고 합니다!

뭐라고! 그렇게 되어 버리면
우리 프랑스는 프로이센을 동서쪽에 두고 끼이게 된다!
북독일 연방
프랑스
스페인
프랑스의 강력한 반발로 레오폴트측은 사퇴했으나

또 같은 일이 일어날지도 몰라.
다시금 이 문제가 되풀이되지 않도록
프로이센 국왕으로부터 확약을 받으라고 주프로이센 대사에게 명하자.

1870년 7월 13일, 독일 서부 휴양지 엠스
빌헬름 1세 폐하!
빌헬름 1세
프로이센 국왕
산책 중에 갑자기 무슨 일이냐?
스페인 왕위 말입니다…
베네데티
주프로이센 프랑스 대사

호엔촐레른가 사람이 스페인 국왕 후보로 거론되는 일이 절대 없도록
확약을 받고 싶습니다만…
이런 곳에서 그런 얘기를…
미안하네.
난 그런 약속은 할 수 없네.

국왕은 엠스에서 전보를 보냈다.
비스마르크에게 알려 두는 것이 좋겠군.
놀랍구나. 이렇게 무례할 수가!

그때 비스마르크는 몰트케 등과 식사 중이었다.
베를린
엠스에 계시는 국왕 폐하가 보내신 전보입니다.
이 전보는 꽤 쓸모가 있겠어….

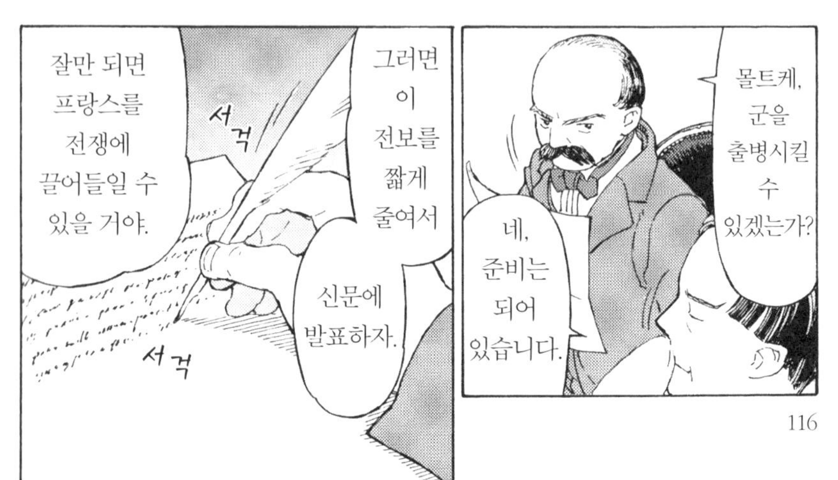
몰트케, 군을 출병시킬 수 있겠는가?
네, 준비는 되어 있습니다.
그러면 이 전보를 짧게 줄여서
신문에 발표하자.
잘만 되면 프랑스를 전쟁에 끌어들일 수 있을 거야.
서걱
서걱

'호엔촐레른가 사람이
다시 스페인 국왕 후보가 되는 일이 있어도
절대 동의하지 않겠다고 맹세해 달라'고 요구했다.

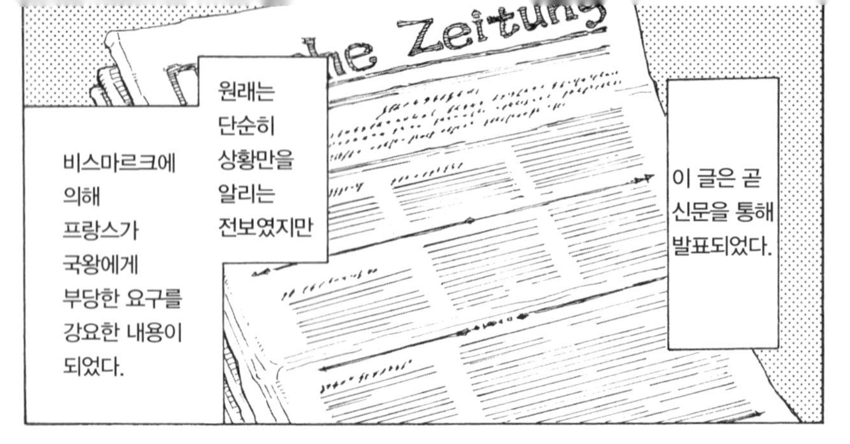
원래는 단순히 상황만을 알리는 전보였지만
비스마르크에 의해 프랑스가 국왕에게 부당한 요구를 강요한 내용이 되었다.
이 글은 곧 신문을 통해 발표되었다.

프로이센이 너무 우쭐대는거 아냐?
술렁
대사가 모욕 당했어!
술렁
프로이센과 프랑스 양 국민에게 서로에 대한 반감과 적의를 심어주었다.
술렁
폐하께서 거절하시는 것도 당연하지!
술렁
프랑스 대사는 정말 무례한 사람이야!
Le Figaro
프랑스
Deutsche
Zeitung
프로이센

프로이센-프랑스 개전 선언
비스마르크 이자식.
어쩔수 없어. 전쟁이다….
1870년, 프랑스는 비스마르크의 의도대로 프로이센에 선전포고했다.

준비가 갖춰진 몰트케 지휘의 프로이센군은 연속해서 승리했고
9월, '스당 전투'에서 나폴레옹 3세가 포로로 잡히면서 프랑스 제2제정은 붕괴되었다.
항복

프랑스 내부로 진출한 프로이센군은 파리에 도착한 뒤,
임시정부였던 국민방위정부와 강화(講和)해 고액의 배상금과 알자스 · 로렌 지방을 손에 넣었다.

북독일 연방
남부 독일 국가
비스마르크는 이 전쟁 가운데에도 독일 통일을 목표로
1870년 가을부터 남부 독일 국가와 교섭을 진행했다.
여러 나라로 구성된 연방국가가 되는 것으로 합의를 얻어

1871년 1월,
원정지인
프랑스
베르사유
궁전에서
프로이센 국왕
'빌헬름 1세'는
초대 독일 황제로
즉위했고
이렇게
독일 제국이
탄생했다.

비스
마르크는
제국의
수상으로서
큰 권력을
잡고
내정 · 외교에서
다양한
방법으로
독일 제국을
강국의 반열에
올렸다.
드디어
이날이
왔구나….

국내 정책으로는 가톨릭 세력을 탄압하는 '문화 투쟁'을 벌였다.
독일 제국에서는 개신교가 다수파군.
남부의 가톨릭 세력이 모처럼의 통일에 영향을 줄 수도 있다….

한편 공업의 발전과 함께 노동자가 증가한 독일에서는
사회주의 운동이 활발하게 전개된다.
어어…
우-
인상해
인상해
노동 조건을 개선하라!
우-
구두쇠
우-
임금을 인상하라!

이에 대해 1878년, 비스마르크는 사회주의자 진압법을 제정했고,
사회주의 정당을 비합법화해 출판, 집회, 시위를 단속하는 한편
만-세-
정책을 시행하는 데는 당근과 채찍이 필요하지.
의료보험 등 사회보장 제도를 정비해 노동자의 보호를 실시했다.

독일의
위신과
안전을 위해
대외적인
동맹을
체결했으며
국제적인
회의에서의
흥정으로
유럽의
질서를
유지했다.
러시아 제국
독일 제국
오스트리아-헝가리 제국
영국
프랑스
이탈리아 왕국
이를 '비스마르크 체제'라고 부른다.
다만 비스마르크는 영토 확장이나 식민지 확대에 신중했다.
특히 프랑스는 …
지난 전쟁에서 독일에 알자스 · 로렌 지방을 빼앗긴 것에 지금도 앙심을 품고 있을 거야.

신황제 빌헬름 2세와 대립해 비스마르크는 1890년에 수상 자리에서 퇴임하지만,
이 시대에 축적한 국력과 함께 독일은 20세기 국제사회에서 큰 역할을 하게 된다.

19세기,
이탈리아와 독일은
통일된 국민 국가를
꿈꿨다.
국민 국가란,
문화와 가치 등을
공유하고 있다고
생각하는 사람들이
함께 만들어가는 나라를
가리킨다.
시민혁명을 일으킨
영국과 프랑스 등
서유럽 국가에서
볼 수 있으며
근대 국가의
모델이 되었다.
한편, 국내에
여러 민족을 거느린
오스트리아 · 헝가리,
오스만 제국,
러시아 제국은
19세기
후반 이후,
각 민족의
희망과 불만이
충돌해
불안정한
상태가
되어간다.

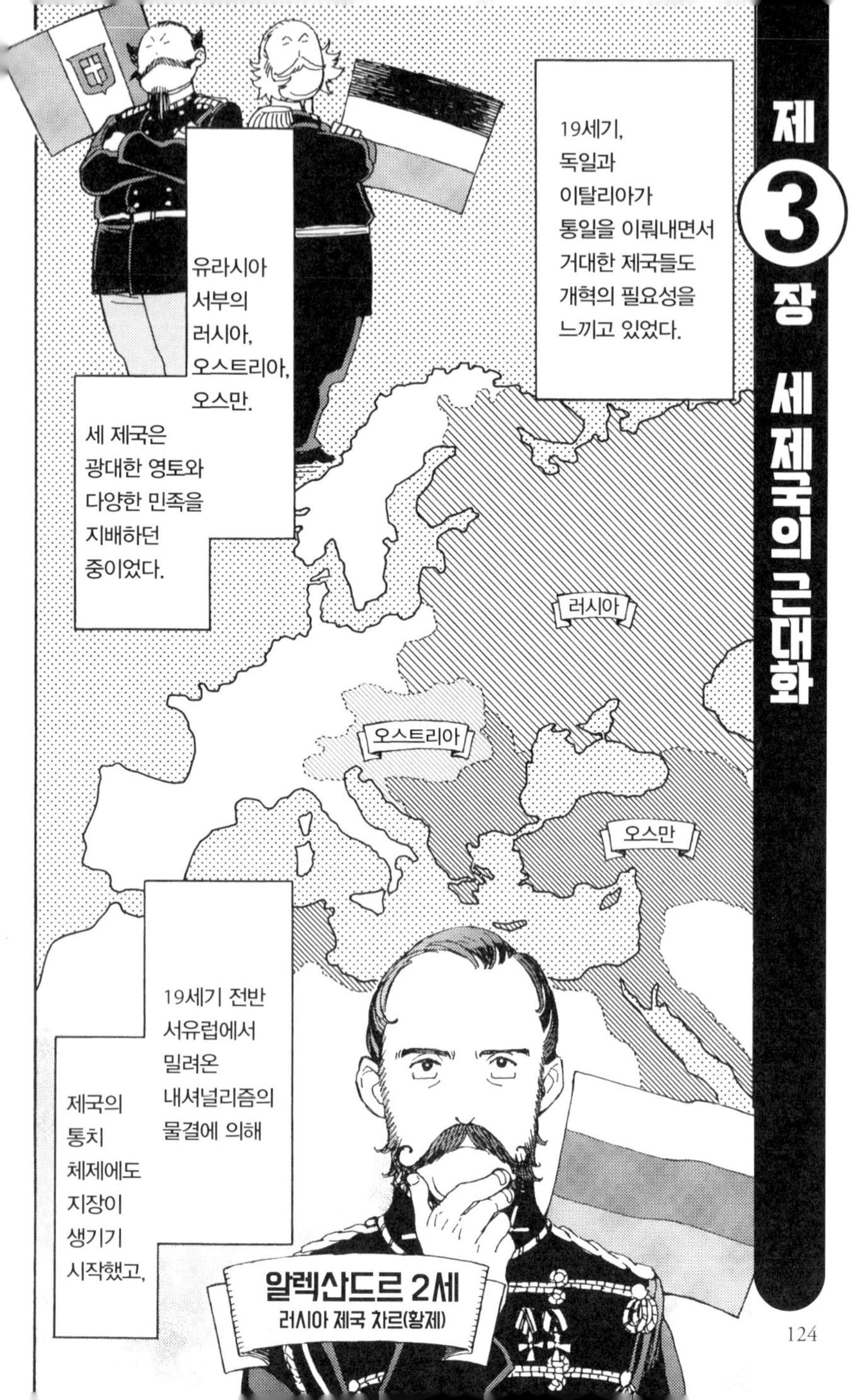
제3장 세 제국의 근대화
19세기,
독일과
이탈리아가
통일을 이뤄내면서
거대한 제국들도
개혁의 필요성을
느끼고 있었다.
유라시아
서부의
러시아,
오스트리아,
오스만.
세 제국은
광대한 영토와
다양한 민족을
지배하던
중이었다.
러시아
오스트리아
오스만
19세기 전반
서유럽에서
밀려온
내셔널리즘의
물결에 의해
제국의
통치
체제에도
지장이
생기기
시작했고,
알렉산드르 2세
러시아 제국 차르(황제)

세 제국은
각각
기존의 제도를
재검토 하려는
움직임을
내비치기
시작한다.
압뒬하미트 2세
오스만 제국 술탄
프란츠 요제프 1세
오스트리아 황제
그러나
그 안건의
수립과
실행은
어려운
과정이었다.
1825년
12월,
러시아
제국의
황제,
'알렉산드르
1세'가
돌연
사망했고
그의 동생
니콜라이
1세가
즉위한다.
니콜라이 1세
이 상황에서
서유럽 같은
입헌정과
자유주의를
외치던
청년 장교들이
궐기했으나
바로 정부군에
진압되었다.

러시아어로 12월을 가리키는 데카브리에 궐기했기 때문에 '데카브리스트의 난'이라고 불린다.
그러나 오히려 이 난을 진압한 황제의 전제정치와 권위가 강해지는 결과를 불러오게 된다.
우리나라는 나폴레옹을 꺾은 강국이다!
이 성과는 러시아 제국이 오랫동안 나라를 잘 다스려 왔기 때문이지.
그런데 설마 이 정도의 사실조차 모르는 무리가 있었을 줄이야.
자유나 입헌 같은 서유럽 사상에 몰두하다니.
우리 러시아는 외국의 사상이나 제도따위 필요없다!
이 광대한 러시아는 황제가 이끌어야 번영과 힘을 얻을 수 있는 것이다.

1848년
오스트리아의
지배하에 있던
헝가리 국내 각지에서
독립을 위한
반란이 일어났다.
러시아
독일
연방
오스트리아
헝가리
헝가리
혁명이
시작되는
순간
이었다.

오스트리아
황제의
요청에 따라
러시아는
파병을
결단한다.
쿵
유럽
혁명의 물결을
더 넓혀서야
되겠는가?
우리
러시아군이
진정시켜
주지!
돌격!
니콜라이
1세는
유럽의
국제질서를
유지하기 위해
다른 나라의
혁명운동에
개입했다.
각국의 자유주의와
내셔널리즘 운동을
억압한 결과,
러시아는
'유럽의 헌병'이라고
불리게 되었다.
러시아 제국이
전투에
가세한 데는
영토를
확장하려는
의도도 있었다.
특히
그 목표로
삼은 곳은
음.

지배력을 넓히기에는 역시 남쪽이 가장 매력적이야.
점차 남쪽으로 영토를 넓혀 지중해나 중동 방면으로 진출하는
이것이 바로 러시아의 남하정책!

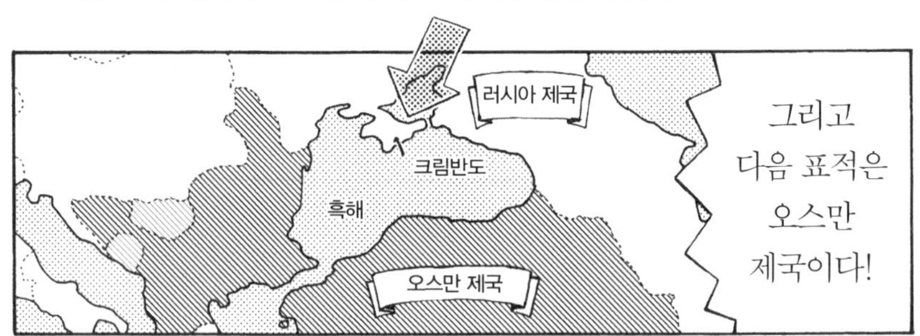
그리고 다음 표적은 오스만 제국이다!
러시아 제국
크림반도
흑해
오스만 제국

1853년 7월, 니콜라이 1세는
오스만 제국령 내 그리스 정교도의 보호 문제를 이유로 오스만 제국에 출병했다.

'크림 전쟁'의 시작 이었다.

러시아의 요충지였던 세바스토폴 요새도 1855년 8월에 함락되었다.
러시아의 열세가 계속되는 가운데 니콜라이 1세가 병사한다.
러시아군은 모든 전투에서 승리했으나,
영국과 프랑스가 오스만 편에 서면서 전세가 역전되기 시작했다.
이듬해 3월, 크림 전쟁은 러시아의 패배로 끝났다.
니콜라이 1세의 뒤를 이은 신 황제 알렉산드르 2세는
시대를 바라보는 넓은 시야를 가지고 있었다.
신 황제 알렉산드르 2세
영국과 프랑스가 힘을 키운 것은 정치 개혁과 공업화를 진행시켰기 때문이다.
다른 나라에 밀리기 전에
우리 러시아도 정치와 경제, 사회 제도의 개혁이 필요해!
벌떡!

사관 양성

배심제
사법 제도를 재정비해
군사 장교 양성부터 재검토하자!

이보게, 밀류틴.
대개혁을 하려니 우수한 인재가 많이 필요하다네.
자네는 행정면에서 실력을 발휘해 주었으면 하네.

이리하여 러시아는 알렉산드르 2세의 대개혁 시대에 들어선다.
상트페테르부르크

감사 합니다.
제 형님도 황제 폐하께 도움이 되기를 바라고 있습니다.
니콜라이 밀류틴
행정 개혁의 중심이 되는 내무 차관

동생
형
그래서
우리 나라의 사회제도를 어떻게 하면 좋겠는가?
네.
농노제는 폐지해야 한다고 생각합니다.
니콜라이의 형이자 군인인 '드미트리 밀류틴'은 나중에 군제 개혁을 이끌게 된다.

농노제
귀족이나 특권층의 토지에 생활하면서 영주에게 종속되는 농민을 가리킴. 농노의 이주를 금지하고 그들의 자유를 제한하는 사회제도를 농노제라고 부름
러시아 경제의 중심인 농업은 농노가 핵심이었다.
그러나 농노제는 오랫동안 러시아를 괴롭혀 온 문제였다.

농노들은 영주 귀족에게 지배되고 인격마저 무시되어 노동 의욕과 생산성이 낮습니다.
짠
그러므로 농노의 인권을 인정하고 교육을 실시해야 합니다!
이렇게 하면 그들도 역시 국가의 일원이라는 생각을 가지게 되어 생산성도 올라가겠지요!
좋아! 일하자~

이미 영국과 프랑스뿐 아니라 미국에서도 노예 해방을 위해 움직이고 있다고 들었네.
농노를 해방하고 농민 처우 개선을 추진하는 오스트리아에 뒤처질 수 없다.
영국은 1833년, 프랑스는 1848년, 미국은 1865년에 노예제도를 폐지했음
네!
오호라
그렇군.
영주와 농노의 관계를 재검토하면 지방 귀족의 권력을 직접적으로 빼앗는 것이니 좋고,
국가 체제도 효율적으로 움직이게 되겠어.

러시아의 어느 마을
이리하여 1861년, '농노해방령'이 발포되었다.
그러니까

농민들은 대부분 글을 몰랐기 때문에 성직자 등 지식층이 그 내용을 전달했다.
농노해방 포인트 강좌
이 농노해방령으로 너희 농노의 무엇이 바뀌는지 설명해 주겠네.
술렁
술렁
술렁

우선 영주에게 허락받아야 했던 혼인과 이주를 자유롭게 할 수 있고 농업 이외의 다른 직업에도 종사할 수 있다네.
따라서 오늘부터 모든 사람이 영주에게서 해방된 것이야.
오오. 이제 결혼도 이사도 자유야!
영주님께 허락받을 필요없어.
이제 좀 사람다운 생활을 할 수 있겠어!
됐—다!
포인트①
농노는 인격적으로 해방되었다.

노동이 의무는 아니지만, 돈을 벌기 위해 경작은 해야 된다네.
토지는 각 경작지를 경작하던 사람에게 양도된 걸세.
토지 임차료의 16배로.
예에?
뭐라고요?

포인트②
농노가 경작하던 토지는 유상으로 분할된다.
어버버
버버—
그런 돈이 어디 있습니까!
그렇겠지.
하지만 좋은 소식이 있네.
뭐. 뭔데요!

포인트③
분할지를 매입하는 대금은 국가에서 빌리고, 그 후 49년 대출로 상환한다.
빚
나라
감사합니다
공동으로 사들인 토지
우선 모두 공동으로 토지를 구입해야 하니, 그 돈은 나라에서 빌려 주겠네.
그 후 49년 대출로 갚으면 되네.
49년?!
이럴 수가
오오~!

'미르'는 농촌지배의 단위가 되는 공동체를 말한다. 미르에서 조세 등의 연대책임을 지는 시스템이 된 것이다.
미르
미르로부터 토지를 받는 건가.
하아~ 영주가 미르로 바뀐 것 뿐이잖아.
단, 분할된 토지는 미르 공동체에서 일괄적으로 구입한 다음, 돈을 내는 만큼 차등적으로 개인에게 지급된다.
미르
포인트④
토지는 개인이 아닌 미르에 넘어간다.
맙소사.
실망 실망…

농노 해방령을 통해 농민들의 인격적 자유는 보장 되었지만,
토지를 손에 넣기 위한 고액의 빚을 갚을 수 있는 사람은 많지 않았고, 그러한 불만으로 각지에서 소란이 발생했다.
이게 어디가 해방이야?

결론적으로, 해방령으로 인해 농민의 생활이 크게 개선된 것은 아니었다.

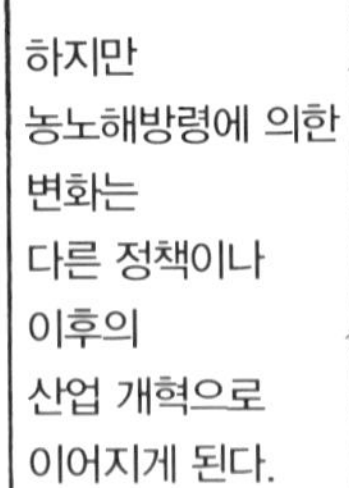
하지만 농노해방령에 의한 변화는 다른 정책이나 이후의 산업 개혁으로 이어지게 된다.

상트페테르부르크
농노를 해방시켜 영주 귀족의 힘을 꺾었노라.
다만, 이것으로 지방을 통치하는 제도도 없어진 셈이로군.
새로운 장치가 필요해…
그래서 알렉산드르 2세는 '젬스트보'라는 지방자치기관을 설치했다.

지방 도시의 회의실
젬스트보는 지주, 도시민, 농민으로 나뉜 그룹이 각각 의원을 선출하고
회의를 통해 지역을 운영해 나가는 새로운 제도였다.
웅성 웅성 웅성
아니.

두근
두근
두근
설마 영주님들과 같은 장소에서 논의하게 될 줄이야.
긴장하지 말자!
소곤 소곤 소곤
말이 새로운 제도지, 귀족인 우리가 품위없이 하인이었던 자들과 같은 공간에서 회의를 해야 한다니.
그들은 분수도 모르는 것 같구려.

신분별로 선출된 의원들이 회의를 구성했으며,
도로 정비, 교육, 의료, 보건, 식량 확보와 같은 세금 사용처에 대해 논의했다.

의원이 되려면 재산의 자격이 필요했기 때문에 귀족에 비해 농민 의원은 소수파였다.
농민 따위가 회의에서 무슨 소용이 있겠는가?
쿡쿡
쿡쿡
회의에서는 다수가 힘이 세다는 것을 모르지 않을텐데.

그럼 의견을…
예!
벌떡!
응? 어?
제가 드리는 말씀을 농민 모두의 목소리로 생각하고 들어 주십시오!
문제는 산더미처럼 많습니다! 우선은 의료와 교육에 대해서…!
히익…
전제체제 속에서 살아온 러시아인들에게 스스로 행정에 참여하는 것은 새로운 일이었다.

그러나 이러한 지방 자치 확대에 따른 폐해도 있었다.
으…
'젬스트보'로 민중이 나라의 정치를 가깝게 느끼는 것은 좋지만
헌법 제정이나 중앙의회 개설까지 요구하니니.

그것은 황제에 의한 전제정치라는 전통을 뒤흔드는 것이다.
불허한다.

귀족들도 의회 개설을 요구하고 있습니다.
그들은 영주로서의 힘이 남아 있을 때 의회를 장악하려는 거겠죠.

귀족들의 움직임을 눈치챈 개혁파 중신들은 황제의 전제정치 유지를 주장했기 때문에
나라의 근본적인 구조가 바뀌는 일은 없었다.

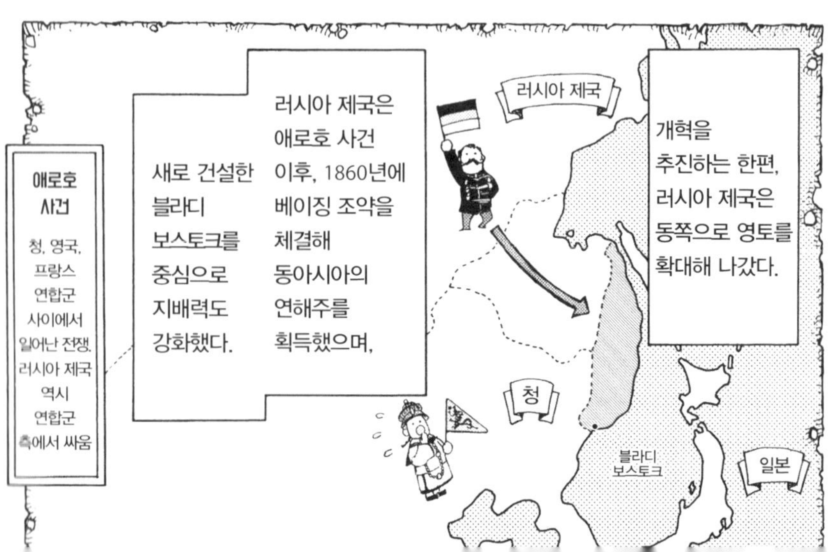
개혁을 추진하는 한편, 러시아 제국은 동쪽으로 영토를 확대해 나갔다.
러시아 제국은 애로호 사건 이후, 1860년에 베이징 조약을 체결해 동아시아의 연해주를 획득했으며,
새로 건설한 블라디보스토크를 중심으로 지배력도 강화했다.
애로호 사건
청, 영국, 프랑스 연합군 사이에서 일어난 전쟁. 러시아 제국 역시 연합군 측에서 싸움
러시아 제국
청
블라디보스토크
일본

페리 함대와
마찬가지로
일본이
메이지 유신에
이르기까지의
정치적 전개에
영향을 미쳤다.

또한,
발트해에서 출항한
'푸탸틴'의 함대는
에도막부 말기의
일본에도 내항했다.

※ 러시아령에서 살아가는 비러시아인 인구를 지칭하는 말

한편, 오스트리아 제국
러시아와 마찬가지로 독일계, 체코계, 헝가리계 등 다양한 민족이 살고 있던 오스트리아도 개혁의 필요성을 느끼고 있었다.
오스트리아 수도, 빈
…역시 귀족이나 부유층의 협력을 얻으려면 입헌정이 필요한가.
하지만 나는 한번 헌법을 버린 적이 있다….
프란츠 요제프
오스트리아 황제 1세
오스트리아 제국에서는 '1848년 혁명' 때에 헌법이 공포되었지만,
1851년, '프란츠 요제프 1세'는 스스로 헌법을 폐지했다.
그는 전제체제 속에서 법에 의한 평등, 농민 처우 개선, 종교의 자유 등을 개혁했다.
와아아 아아아
하지만 1859년, 이탈리아 통일을 목표로 하는 사르데냐 왕국과의 싸움에서 쓴맛을 보았기에, 지배 체제 재검토의 필요성을 느끼고 있었다.

프란츠
요제프 1세는
1860년 10월,
제국의회
창설을 위해
10월 칙서를
내렸고,
이듬해
2월에는
입헌주의의
완성도를
더욱 높인
2월 칙령을
내렸다.
그는
오스
트리아를
입헌정
국가로
되돌리기
위해
철저히
준비
했지만,
계속되는
전쟁으로
재정
상태에
위기가…!
국정을
재건하기
위해
귀족과
부유층의
힘이
필요해!

1861년 5월
제국의회
이럴
수가!

크로아티아도,
헝가리도,
베네치아도?
세 나라 전부
의원을 보내지
않았단 말인가!
후
우
네…
아무래도 다들
의회의 설치를
제국의
지배 강화라고
비판하고
있는 것
같습니다….
게다가
참석한
체코
의원들도
수상합니다.
…으음

2월 칙령 이후, 지방의회 대표단으로 구성된 제국의회를 조직했으나, 매번 의원들은 결석하기 일쑤였다.

참석했던 체코 의원들도 독일계 의원들과의 말싸움을 벌이다 의장에서 퇴장하고 만다.

이 시기의 오스트리아 제국의 인구는 5천만 명이 넘었고, 11개의 언어가 사용되고 있었다.

헌법 부활을 위해 다양한 민족을 어떻게 통합할지가 관건이었다.

게다가 1866년에 발발한 프로이센-오스트리아 전쟁에 패배해 독일 연방에서 쫓겨났다.

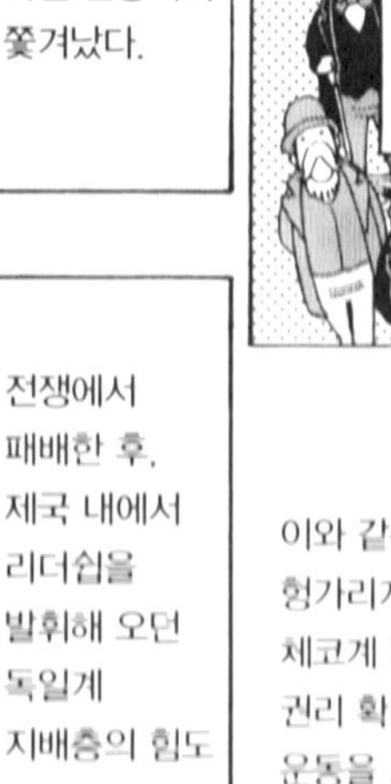

전쟁에서 패배한 후, 제국 내에서 리더십을 발휘해 오던 독일계 지배층의 힘도 저하되었고,

체코계

헝가리계

이와 같은 상황에서 헝가리계와 체코계 민족은 권리 확대를 위한 운동을 시작했다.

다민족 국가인 오스트리아는 어려운 판단의 기로에 놓인다.

웅성
웅성
웅성
웅성
그렇게까지 한다면 우리 독일인의 우위가 흔들리고 결과적으로 제국의 힘도 없어져 버린다고!
아예 각 민족에게 동등한 권리를 부여하는 '연방제'를 채택하면 어떨까?
우리 비 독일인이 인구 비율에서 다수를 차지하고 있어!
기타
독일
헝가리
체코
오스트리아 민족 분포
폐하.
헝가리 사람인 제가 먼저 제안하겠습니다.
타앗!
다수의 민족에게 권리를 주면 혼란만 더할 뿐입니다!
그렇지만 민족의 범위를 좁힌다면
그 혼란을 막을 수 있을 것이옵니다.
언드라시 줄러
헝가리 귀족 가문 출신
결국
권력을 잡기에 가장 적절한 민족은 헝가리인이다, 이 말이군?

모든 권한을 달라는 것이 아닙니다!
요놈 봐라? 아주 당당하군. 하지만 헝가리인이 협력한다면 통치하기 편해지는 건 사실이야….
우리 헝가리 사람들은 제국에서도 큰 지위를 차지하고 있습니다.
독자적인 자치를 허락해 주시면 제국의 지배 유지에 최선을 다하겠습니다.

기타 분야
외교
군사
재정
헝가리 의회
제국의회 & 헝가리 의회
제국 전체에 관련된 외교·군사·재정은 공동으로 하고!
척
그 이외의 사안은 헝가리 의회에서 심의할 수 있도록 해주시면 어떻겠습니까?
…여기가 타협점인가.
잘 알겠네.

1867년
오스트리아와 헝가리는
같은 군주를 섬기는
두 국가의 연합체,
'동군연합'이 된다.
헝가리 사람들이
자치권을
가질 수 있도록
조치하겠네.
감사합니다.
짜잔
오스트리아는
오스트리아 ·
헝가리 제국으로
그 명칭이 바뀐다.
이 타협을
'아우스
글라이히'※라고
부르며,
※ Ausgleich.
'대타협'이라는
의미의 독일어

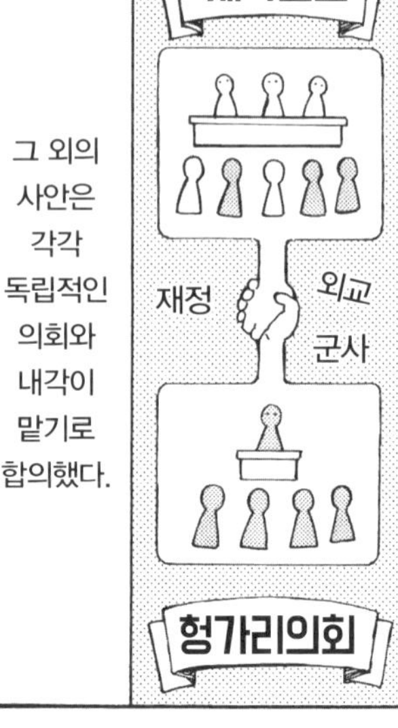
신헌법에
근거해
헝가리는
제국
의회로부터
독립을
인정받았고,
제국 내의
외교, 군사,
재정은
오스트리아와
헝가리가
공동으로
처리하게
되었다.
제국의회
재정
외교
군사
헝가리의회
그 외의
사안은
각각
독립적인
의회와
내각이
맡기로
합의했다.

영차
영차
근대화
이것으로
오스트리아 ·
헝가리 제국의
근대화를 위한
개혁이
구체화되었다.

초등 교육
재판 제도
병역 의무
그리고 가톨릭교회의 영향력이 닿지 못하게 해야 해!
그런 다음 제국의회의 권한 확대도 필요하다고.
재판 제도의 개혁과 초등 교육의 확대, 병역 의무도 도입하자.
개혁파이자 독일계인 아우어스페르크 형제에 의해 근대화를 위한 변화가 시작됐다.
근대화를 목표로!
동생
아돌프 아우어스페르크
(1871~1879, 총리)
형
카를 아우어스페르크
(1867~1868, 총리)
요즘의 정치는 전혀 납득이 안 돼!
탁
그러나 한편으로는

왜 헝가리 인들에게는 자치가 주어지고 우리에겐 주어지지 않는 거야?
맞아 맞아
체코인에게도 아우스글라이히를!
안드라시가 폐하를 부추기는 바람에 헝가리 사람만 재미를 봤고!
체코계 주민
독일계 주민

변방 지대야 말로 권리가 필요하다! 우리를 무시하지 마라!
흥
뭐가 권리야! 그 전에 우리에 대한 차별을 없애는 게 어때…?
유대계 주민
폴란드계 주민
결국, 아우스글라이히는 오스트리아와 헝가리가 협력해 제국의 지배력을 강화하려던 것이었기 때문에
찌릿
이것으로 지배하에 있는 다른 민족의 불만을 해소할 수는 없었다.

1871년에는 체코계 민족에게도 자치를 인정하는 것이 검토되었으나
한 번 인정해 주면 다른 민족들의 자치 요구도 쇄도할 것입니다!
헝가리인의 지위도 낮아질 것이 뻔하시.
NO!
허—걱
정신 차려
체코계~
이 계획은 언드라시가 반대해 실패로 끝났다.

이러한 언어의 성숙은 언어교육이나 문학작품으로 대중에게 침투했으며, 나아가 기념행사의 개최 등으로 민족의식을 고취시켰다.
그런 가운데
서걱
서걱
각 민족의 사용 언어로 저술활동을 하는 사람들이 나타났다.

같은 언어나 문화권의 사람들이 모여 '국민국가'를 만들자는 움직임도 있었지만,
독일어
헝가리어
유창~
유창~
세르비아 크로아티아어
체코어
복합 문화권 속에서 다국어를 구사하는 사람도 많아서 실현되지는 못했다.
후우-
제국 내에서 살아가는 여러 민족의 이해관계를 균형있게 잡는 것은 아주 어려운 일이었다.
하 하 하 하 하 하 하 하 하

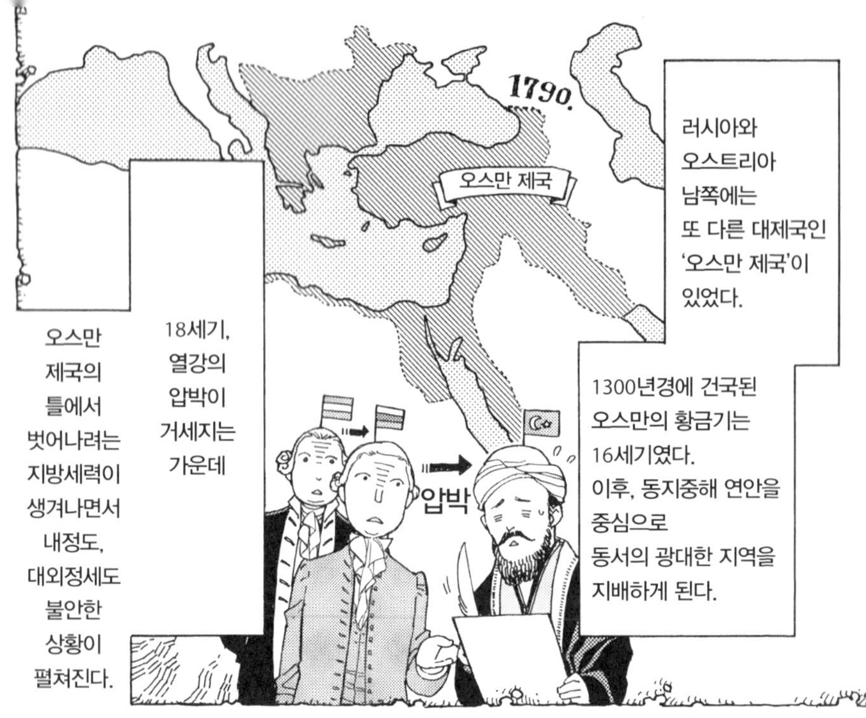
1790.
오스만 제국
압박
러시아와
오스트리아
남쪽에는
또 다른 대제국인
'오스만 제국'이
있었다.
18세기,
열강의
압박이
거세지는
가운데
오스만
제국의
틀에서
벗어나려는
지방세력이
생겨나면서
내정도,
대외정세도
불안한
상황이
펼쳐진다.
1300년경에 건국된
오스만의 황금기는
16세기였다.
이후, 동지중해 연안을
중심으로
동서의 광대한 지역을
지배하게 된다.

우리는 중개국
프랑스
영국
척~
너덜…
억
젠장
오스만 제국
러시아
크림
잘 가시게~
오스만 제국은
근대화의
필요성을
느끼게 된다.

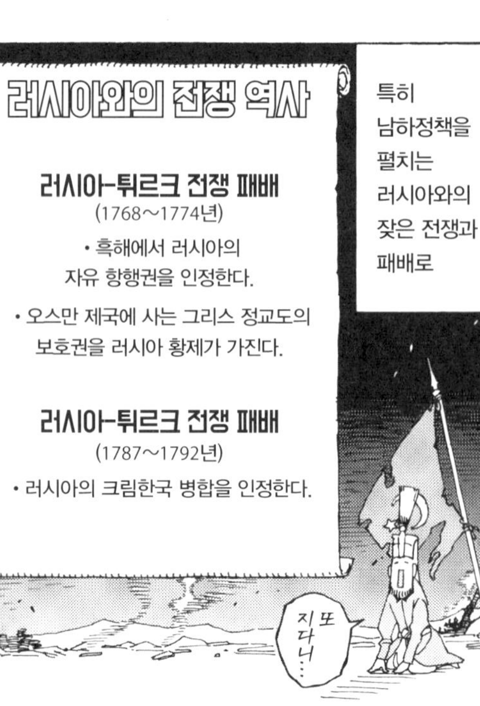
특히
남하정책을
펼치는
러시아와의
잦은 전쟁과
패배로
러시아와의 전쟁 역사
러시아-튀르크 전쟁 패배
(1768~1774년)
• 흑해에서 러시아의 자유 항행권을 인정한다.
• 오스만 제국에 사는 그리스 정교도의 보호권을 러시아 황제가 가진다.
러시아-튀르크 전쟁 패배
(1787~1792년)
• 러시아의 크림한국 병합을 인정한다.
또 지다니…

오스만 제국이 직면한 정치, 군사, 외교의 문제점은
근대적 개혁이 필요하다는 증거였다.
군대도 무기와 제도의 근대화가 필요하다!
제국의 통치 방식을 재검토하라!
낡은 정치 체제를 폐지하고 새로운 중앙 집권 방식으로 개혁을 도모하자!

예니
체리
크흠…
방해가 되는 보병 군단, '예니체리'를 제거해야겠군.
마흐무트 2세 오스만 제국 황제

1826년 오스만 제국

위험합니다.
'셀림 3세'
잊으셨습니까?
웅성!
예니체리는 한때, 엘리트 의식을 가진 친위대였지만
이 시기에는 군기가 문란해, 부패한 무법 집단이 되어 있었다.

예니체리의
명성도
옛말이로다.
지금은
시대에
뒤떨어진
약자일 뿐!
저들을
제거하고
서양식
군대를
창설하거라!
과거 근대화를
목표로 한
황제
셀림 3세는
예니체리 등
개혁
반대파에 의해
폐위되었다.

1826년,
마흐무트 2세는
예니체리를
전면 폐지하고
군의 재편을
통보했다.
예니체리는
명령에 불복해
반기를 들었지만
신군대에 의해
제압당하고 만다.

마흐무트
2세는
중앙
조직의
강화에
힘썼다.
대사관
각각의 행정기관
설립
해군부
러시아 대사관
교육 개혁
양장화
또한, 사법이나
교육제도를 개혁하고
행정기관과
각국의 대사관을
설립하는 등
서양화에 따른
개혁을 이뤄냈다.

그러나
다사다난한
외교와
주변
각국과의
전쟁으로
인해
국력의
회복에는
다다르지
못한 채,
마흐무트
2세는
급사했다.
오스만 제국의
황위와
개혁에 대한
의지는
마흐무트의 장남인
'압뒬메지트 1세'가
계승한다.

톱카프 궁전
장미원(귈하네)
모두
잘 들어라!
1839년
11월
새 황제
폐하께옵서는
제국의
쇠퇴를
막기 위해
새로운 법을
제정하셨다!
이는 발표된
장소의
이름을 따서
'장미원
칙령'이라
불렸고,
이는 곧
개혁과
근대화를
향한
의지였다.
무스타파 레시드 파샤※
외무장관
압뒬메지트 1세
오스만 제국 황제
※ 오스만 제국의 고위 관료,
귀족을 부르는 호칭

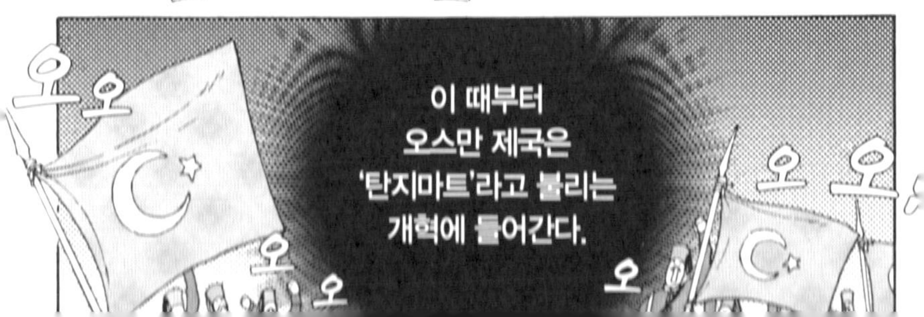
오오
이 때부터
오스만 제국은
'탄지마트'라고 불리는
개혁에 들어간다.
오오
오오
오
오

개인은 법에 근거해 평등하며, 생명이나 명예, 재산이 보장되는 것과

재판 공개와 형사범에 대한 인도주의적 처우, 징역과 병역의무에 대한 정비 사항을 장미원 칙령에 포함시켰다.

오스만 제국은 장미원 칙령에 따라 개혁을 시작했고

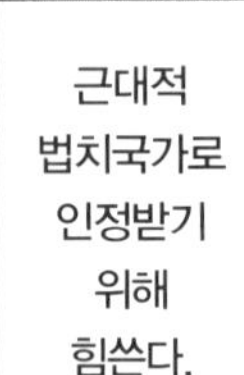

영국과 프랑스가 오스만 제국 내 그리스도교 신도의 처우 개선을 요구함에 따라

1856년 2월에 오스만 황제는 칙령을 내린다. 이에 따라 무슬림※과 무슬림 이외의 사람들에 대한 차별은 철폐되었다.

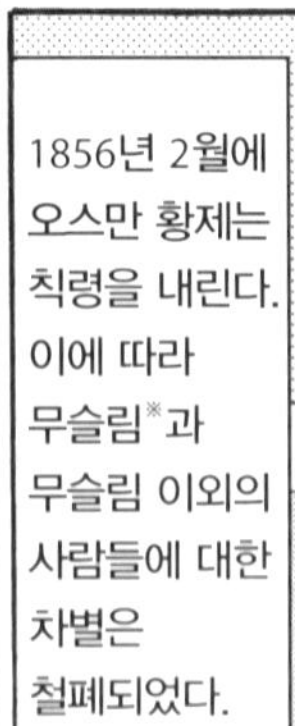

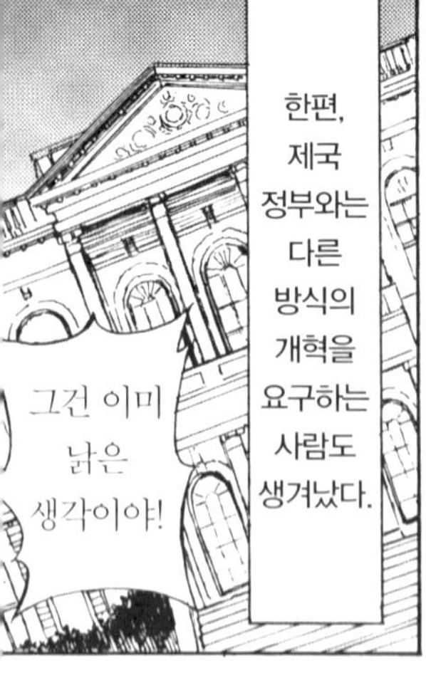

※ 이슬람교의 가르침을 믿는 사람들

서유럽의 개혁에 영향을 받은 신 오스만인들은 협회를 만들어 신문을 발행하고 자신들의 개혁 의지를 국내외로 확산시켜 나갔다.

또한, 탄지마트 개혁은 신 오스만인을 관직으로 끌어올리는 역할을 했다.

유럽에서 유학을 한 그는, 헌법 제정과 의회 개설을 목표로 하는 개혁파였다.

그 가운데 두각을 드러낸 사람이 훗날 대재상으로서 개혁을 이끌 '미트하트 파샤'다.

즉위한 지 얼마 안 된 압뒬하미트 2세는

폐하.

국경 근처의 그리스도교 농부들이 폭동을 일으켜 러시아가 정교도를 보호하라며 압력을 넣고 있습니다.

어서 헌법을 제정하시지요. 근대 국가가 되기 위한 첫걸음입니다.

미드하트 파샤의 호소를 들은 압뒬하미트 2세는

미드하트 파샤

대재상

헌법 제정을 지시했다.
…그렇군 알아서 하게.

알겠습니다.

곧이어 압뒬하미트 2세는 헌법 제정 위원회를 설치한다.
미드하트 파샤를 위원장으로 임명하고, 입헌파 관료들과
그리스도교 신자까지 위원으로 위촉해 의견을 모았다. 이로써 헌법 초안이 만들어진다.

헌법을 제정하기 위해서는 대략적인 형태를 정해야 하네.
지당하신 말씀입니다. 반드시, 헌법은 개혁의 중심이 되어야 합니다.
기존 칙령에 포함된 국민의 생명, 명예 재산의 보장은 물론이고 무슬림과 비(非)무슬림이 평등하다는 조항도 이 헌법에 명시되어야 합니다.
나믹 케말 개혁파 관료

의회는 '이원제'가 어떻겠습니까? 황제가 임명한 원로원에 민중이 선택한 대의원을 포함하는 것이지요.
의원의 신분이나 직권을 정해서 선거법도 제정합시다!
지야 파샤 개혁파 관료
… 어렵군.
왜 그러십니까. 미트하트 님.
두 사람의 의견은 옳다.
그러나 이래서는 다른 나라의 헌법과 다르지 않아 보이는군.
우리나라는 다민족, 다종교 다언어 국가임을 고려해야 하네.

음…
끙…
하긴, 그것 때문에 외압이 들어오고는 합니다. 어떻게 하면 좋겠습니까?
그럼 이렇게 하면 어떠한가.
헌법은, 나라의 윤곽을 정하는 것이다.

※1 튀르키예어의 일종. 아라비아 문자를 사용해·아라비아어나 페르시아어의 어휘를 다수 도입한 언어
※2 무슬림 사회의 최고 지도자

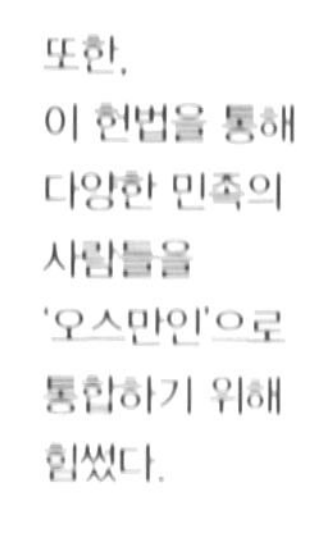

오스만 제국은
입헌군주정으로
정치 체제를 바꿨고,
법치주의와
국민의 평등, 생명, 명예,
재산 보장 같은 이념을
정착시키고자 했으며

이처럼 헌법 제정을 위한 준비는 착실히 진행되고 있었지만 압틜하미트 2세는 고민에 빠진다.
숙부님이신 '압틜아지즈'는 내 아버지 '압틜메지트 1세'의 뜻을 계승했으나, 쿠데타가 일어나 황위에서 물러나야만 했다.
쿠데타의 원동력이 된 것은 개혁을 요구한 미드하트 파샤와 신 오스만인….
30대 황제
동생
형
압틜아지즈
압틜메지트 1세
32대 황제
31대 황제
바로 나!
동생
형
압틜하미트 2세
무라트 5세
34대 황제
33대 황제
압틜아지즈가 폐위된 뒤, 그 뒤를 이은 것이 압틜메지트 1세의 아들 '무라트 5세'였다.
하지만, 그는 정신적인 질환으로 인해 단기간에 폐위되었고
동생인 압틜하미트 2세가 황위에 오른다.
숙부는 실각한 후 의문사 했다.
형님이 병든 것도 지위와 생명을 위협받는 공포 때문이지.

나는 황제로서의 권력을 유지해야 한다.
그러니 이 조항만큼은 절대로 포기할 수 없어….
타다다다
쾅
!
미드하트 님!
무슨 일이냐? 소란스럽게.
헉 헉
오스만 제국 헌법 조항을 보고 있었는데요.
이 헌법에는 문제가 있습니다!
7조 '의회 해산은 황제의 권한에 속한다'
그리고 113조의 '황제는 계엄령 공포의 권리를 가지며 위험 인물을 국외로 퇴거시킬 수 있다.'
의회의 해산은 정치를, 국외 퇴거는 법의 지배를 흔드는 것입니다.
이 조항은 없애야 합니다….

이유가 무엇입니까?
끼익…
이 두 조문은 폐하께서 바라신 것이다.
예?

나 역시 그 조항이 위험하다는 것을 안다.
그러나 러시아와의 전쟁이 코앞이고, 우리를 장애물로 생각하는 신하들도 있네. 그런 가운데 폐하를 설득할 여유가 있겠는가.

여기서 양보하지 않으면 헌법 제정은 이루어지지 않을 것이다.
…이해해 줄 수 있는가?

… 알겠습니다.
이 일은 다른 위원에게도 알리겠습니다.

미안하네.

그러나 헌법이 공포된 지 얼마 지나지 않아…

그럴 뿐만 아니라
헌법 제정에 관여한
신 오스만인들에게
잇따라
국외 추방 명령이
떨어졌다.
헌법 제정에 그토록 심혈을 기울였건만.
불과 한 달 반 만에 실각이라니.
후회는 없다만
부디…

1884년
미드하트
파샤는
귀양지였던
메카
근교에서
처형되었다.

오스만 제국의
입헌군주정이
오래 유지되면
좋겠는데.
아마도…

의회 개설
한달 후
1877년
4월
오
오
우
남하정책을 시행했던
러시아 제국은
발칸 반도 지역,
슬라브계 주민의
봉기를 계기로
오스만 제국에
선전포고했다.
이것이 발단이 되어
러시아-튀르크 전쟁이
발발한다.

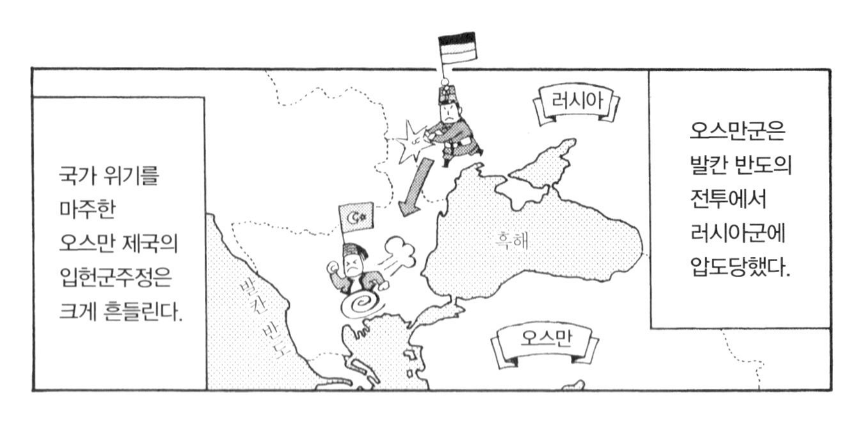
국가 위기를
마주한
오스만 제국의
입헌군주정은
크게 흔들린다.
러시아
흑해
발칸 반도
오스만
오스만군은
발칸 반도의
전투에서
러시아군에
압도당했다.

이로써
제1차
입헌정은
불과 1년도
지나지 않아
붕괴되었다.
압뒬하미트
2세는
헌법 규정을
핑계 삼아
의회를
중지시켰다.
지금은
전쟁
이라는
비상
사태다.
탕
의회를
일시
중지
한다!

앞으로 30년간
오스만 제국은
압뒬하미트 2세의
전제체제가 된다.

러시아와
오스만,
두 제국 사이
맺어진
'산스테파노
조약'은
발칸 반도에
대한
러시아의
영향력을
확대하는
것이었다.
1878년
3월
오스트리아·
헝가리
러시아
루마니아
세르비아
몬테네그로
불가리아
오스만
러시아-
튀르크 전쟁은
러시아의
승리로
막을 내린다.
산스테파노 조약
흑해 연안의 영지 확대
슬라브계 국가의 독립
불가리아 공국의 설립
잘 부탁해
…
러시아의 종속국!
여기는 내가
공정한
중개인으로서
다시 조정에
들어가겠네.
러시아
놈들
때문에
유럽의
균형이
깨지면
곤란하지.
오토 폰 비스마르크
독일 제국 재상
큰일
이다
…
내 차례인가
이대로 두면
러시아는 계속
남하할 것이다.
그렇게 되면
서아시아나
인도에 대한
우리 영국의
지배권마저
위태로워져!
발칸 반도까지
침공을 허락한다면
오스트리아·
헝가리 제국에도
영향을 미칠 것이
뻔한데….

산스테파노
조약은
대폭적인
변화를
겪는다.
깜짝
휴…
반대
영국을 비롯한
여러 나라의
반발로 인해
오스트리아·
헝가리
러시아
루마니아
세르비아
불가리아
축소
오스만
러시아의
영향력을
저하시키는
형태로
새롭게
베를린
조약이
체결되었다.
1878년 여름,
비스마르크
주최로 열린
베를린
회의에서
NEW
베를린 조약
산스테파노 조약
흑해 연안의 영지 확대
슬라브계 국가의 독립
불가리아 공국의 설립
영토 축소
오스만 제국 종주의 자치국
부글 부글
이것 때문에
러시아의
남하 정책은
막혀
버렸다고…!
비스마르크
이 놈!
뭐가
공정한
중개인이냐!

불가리아의 영토가 줄면서 우리에게 협력적인 불가리아를 통한 지중해 진출이 불가능해졌다고!

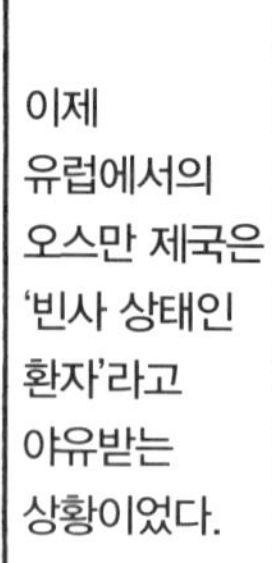

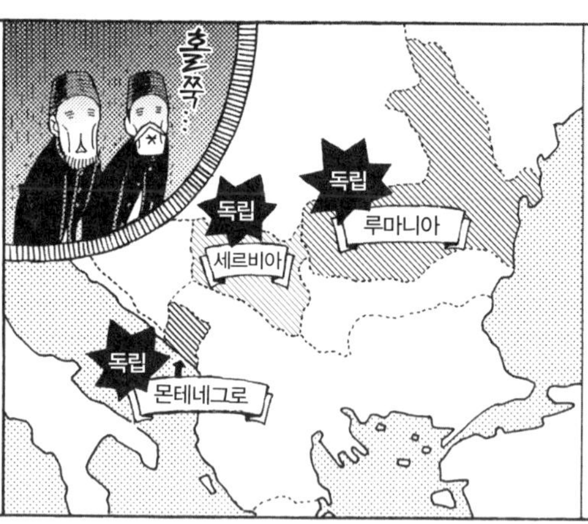

러시아의 남하를 막았지만 오스만 제국이 발칸 반도를 잃는 것은 변함없었다. 발칸 반도 영토의 대부분은 독립하거나 유럽의 지배를 받게 됐다.

한편 러시아-튀르크 전쟁 개전 시 러시아와 밀약을 맺어 중립을 유지했던 오스트리아·헝가리 제국은

다양한 민족으로
구성된 이 지역은
인근 국가로부터
내셔널리즘의
영향을 받아
이윽고,
제1차 세계대전의
진원지가 된다.
보스니아 헤르체고비나
치직
치직 치직...
어떡하지…
또한,
러시아는
대개혁을
거치며
경제가
성장하고
'부르
주아지'가
대두되기
시작한다.
뒤이어
황제의
전제에 따른
압박 정치를
비판하는
'인텔리겐치아'
(지식인)
사회 계층이
생겨났다.
민중
속으로
(브나로드)!
농민에게
개혁을
호소하자!
1874년,
고등교육을
받은 이들은
농촌에 나가
개혁의
필요성을
호소하는
'브나로드
운동'의
주축이 되었다.
이러한
세력을
사람들을
'나로드
니키'
라고
불렀다.
그러나

개혁에
무관심한
사람들,
특히
보수적인
농민에게
대체
뭐라는 건지…
그래서
뭘 하고
싶은 거래?
필요없어
몰라?
찌익
그 사상이
전해지지
않아
운동은
실패로
끝났다.

나로드니키 중에는
실의로 인해
'니힐리즘'※에
빠지는 사람도
생겨났다.
권위도 전통도
기존의
사회주의도
모두
무의미하다.
그렇다면
폭력으로
사람의
마음을
바꾸자.
폭력이나 공포로
사회를 바꾸려는
테러리즘도
대두했다.

※ 허무주의를 뜻하는 말

그런
가운데
황제
'알렉산드르
2세'의
암살을
계획하는
일파도
나타나
전제
군주인
황제를
암살하고
사회를
바꾸자!
황제는
여러 차례
암살
위기에
처한다.
그리고
결국
펑

큰일났어! 황제의 마차가 폭탄에 당했다.
뭐라? 범인은!
몰락 귀족, 나로드니키의 소행이다!
1881년 3월

알렉산드르 2세는 마차를 타고 이동하던 중에
과격파인 나로드니키의 습격을 받아 중상을 입었고,
동궁으로 이송되었으나 사망했다.
제위를 이은 사람은 알렉산드르 2세의 아들, '알렉산드르 3세'였다.
아버지는 국민의 권리를 확대하려 했으나, 그것이 잘못이었네!
지금부터 우리 나라는 황제에 의한 전제 체제를 강화할 것이다!

아이러니 하게도 알렉산드르 2세가 암살되면서 전제체제가 강화 되었지만,
으윽
그래도 사회개혁 운동이 끊어지지는 않았다.

이윽고 활동가 중에는 개혁이 아닌 현재 체제 그 자체의 타도를 꿈꾸는 사람들도 나타나기 시작한다.

러시아에 필요한 것….
그것은 제국이 아니라 혁명이다… 사회주의 혁명!
블라디미르 울리야노프 (훗날의 레닌)

오스만, 러시아,
오스트리아 ·
헝가리.
이 세 제국은
19세기 후반에
나란히 국내적,
대외적인
과제에 직면해
개혁을
피할 수 없게
되었다.

하지만 그 개혁이,
충분히 결실을
맺지는 못했다.

세 제국은
여러가지
문제를
남긴 채
러시아는
사회주의
혁명으로,
오스만과
오스트리아는
제1차
세계대전으로
향하고 있었다.

제4장 청의 개혁과 요동치는 일본

이홍장
청 정치가
같은 시기,
서양 열강의 힘을
뼈저리게 깨달은
양국은
비슷한 시기에
근대화의 길로
접어들게 된다.
이 시기에
일본에서도
'흑선 사건'이
벌어졌었고,
오랫동안 계속된
쇄국정책이
끝나면서
일본 역시
비슷한
불평등 조약을
맺게 되었다.
그러나
양국의 상황이
달라지면서
세력 관계 역시
크게 변화한다.
이토 히로부미
일본 정치가

1860년,
열하(熱河)의
이궁※1
이 서양 놈들…!
※1 청 최대 규모의 황실 정원이자 별궁. 피서산장이라고도 칭함

청은
애로호 사건을
겪으며
프랑스와
영국 연합군에
북경을
점령당했고,
청 황제는
열하로 피신한
상태였다.
굴욕적인 조약을 강요하다니.
쿨럭
쿨럭
함풍제
청 제9대 황제

이 시절,
국내 곳곳에서도
반란이 일어나
정부는
대내외적으로
대처해야 했다.
우어어
북경
(베이징)
연합군
태평천국군
밖에서는 서양인, 안에서는 '태평천국의 난'이 일어나고
우리나라는 도대체 어떻게 되는 건가…

후후…
숙순이 있어 참으로 든든하오.
흥-
세계의 구석에서 온 서양인 따위에 놀랄 필요 없습니다.
강하게 대처해 돌려보내면 됩니다!
숙순
군기대신(황족)
폐하야말로 세계의 중심 이십니다!

이듬해 1861년,
함풍제는
북경에
돌아가지 못한 채
병으로 죽었다.

아아…
안타까워
형님.
왜 이런
일이…
흑흑…
흑…
공친왕
형인 함풍제를 대신해
패전처리를 하고 있었음

저 녀석의
영국·프랑스에
대한 강경한
대응 때문에
형님의
심로가
겹쳤을
수도….
찌잉…
다음 황제는
내 조카
재순이지만
너무 어리다.
훌쩍
훌쩍
아버님
….
오오…
폐하!
폐하….
슬쩍
숙순….
엉엉엉엉엉

의귀비
마마께서
찾으십니다.
스윽…
부비부비
부비부비
폐하,
걱정하지
마십시오.
제가 든든히
지탱하겠습니다.
이대로 가면
숙순의
권력이 더욱
강해지고
만다.

아니!
어찌 이런 곳에…. 재순의 생모이니, 차기 황제의 보좌역을 하심이 마땅한데 어찌하여!
이 무슨!
숙순이 저를 그 자리에서 물러나게 했답니다.
의귀비 (훗날의 서태후)
함풍제의 비 중 한 사람
숙순은 차기 황제 폐하와 서로 만날 수 없게 하는군요.
숙순과 서태후는 정치의 실권을 둘러싸고 격렬히 대립했고,
함풍제가 숙순에게 뒤를 맡기면서 서태후의 입지가 좁아지고 있었다.
흥
야

나는 숙순과 그 일파를
하시지요.
!!
하지만… 숙순에게 뒤를 맡긴 것은 황명입니다.
쓱

숙순은 영국·프랑스에게 잘못된 대응을 했습니다.
그 사람에게 이 나라를 맡길 수는 없어요.
움찔

우리 나라를 구하기 위함입니다.
숙순은 이제 필요 없어요.
이후, 숙순이 함풍제의 관을 열하에서 북경으로 호송하는 사이에
그를 따르는 사람은 모두 처단할 생각입니다.
…
형수님…
오싹…
무서운 사람이군.

덜덜덜
덜덜...
함풍제의 관과 함께 뒤늦게 도착한 숙순 일행을 붙잡아 처형했다. 이 사건이 바로 '신유정변'이다.
공친왕은 먼저 북경으로 가서 중신들을 설득했고

이처럼 황제가 어릴 경우 왕의 어머니 등의 여성들이 섭정하는 것을 '수렴청정'이라고 부른다.
숙순이 처형된 뒤 불과 5살이었던 재순이 1861년, 동치제로 즉위하고 서태후가 실권을 잡았다.

어려운 시기라지만, 우리는 변하지 않으면 안 됩니다!
새로운 황제가 즉위하셨다.

특히 서양의 기술 진보를 몸소 느끼고 있던 이들은

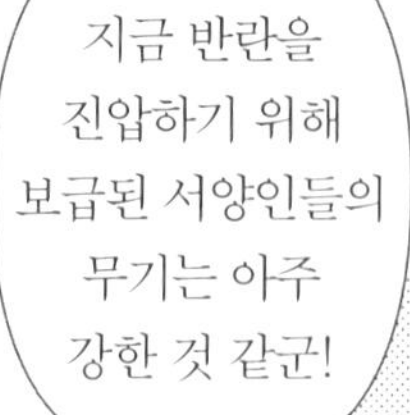

그렇기 때문에 정부는 '총리각국 사무아문'이라는

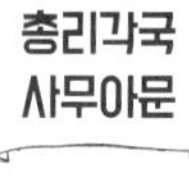

1861년
안휘성
안경※1
북경
(베이징)
안경
(안칭)
상해
(상하이)
태평천국의
진압을 위해
보급된
서양 무기를 접한
지방의
장관들이었다.
※1 안후이성 안칭
안절부절
두근두근
선생님,
북경에서 온
명령서에는
뭐라고 적혀
있습니까?
나를 정식으로
반란 진압의
책임자로
임명하겠다고.
증국번은
상군을 조직해
태평천국과
싸웠다.
증국번
지방장관
활짝
선생님의
공적을
인정
받으셨군요!
이홍장
증국번의
제자이자 심복
증국번이
향리에서 조직한
의용군(향병)은
증국번의 출신지인
호남성※2의 약칭
'상(湘)'을 따서
상군(湘軍)으로 불렸다.
※2 후난성

그리하여 지방장관의 권한은 더욱 강력해졌다.

지방장관들은 그 재원에 기반해 자치적으로 서양 각국의 상인과 교섭하고, 서양의 근대 무기, 공장을 도입했다. 이를 '양무운동'이라 부른다.

※2 상승군은 워드가 사망한 후, 영국인 '고든'이 계승함

앞으로의 청에
필요한 것은
군비와 문화의
근대화입니다!
흐음
…
벌떡
용굉
중국 최초의 유학생으로
미국 예일대학교에 입학
그 후 그리스도교의 세례를 받고
미국으로 귀화함
증국번은 이때
'용굉'이
태평천국에도
같은 이야기를
했던 과거를
알고 있었다.
두근두근
두근두
그러나 증국번은
이 나라를
근대화시키고 싶다는
용굉의 뜻을
믿기로 결심했다.

함께
근대화를
추진해
보세!
감사
합니다!

앞으로도 계속 해외의 지식을 도입하기 위해서 유학생을 보내고 싶습니다.
먼저 미국으로 돌아가서 무기공장을 건설하기 위한 자재를 조달하게나.
네! 그리고 부탁이 하나 있습니다.

그렇군
저것도 이것도 그것도
또한, 양학을 배울 수 있는 학교 설립도 고려해 주시기 바랍니다.
용굉의 활약으로
호 오
자네가 체험했던 것처럼 말인가?
유학 체험은 국력을 키우는 데 반드시 힘이 될 것입니다.

서양 각국으로 유학생을 보내 근대화의 길에 더 가까이 다가갔다.
육·해군 모두 군비를 서양식으로 전환하고
청 각지에 공장과 조선소, 기선회사가 들어섰다.

1870년, 태평천국의 난이 끝난 지 6년. 서민들의 생활에도 변화가 있었다.
이게 명주실 대금? 너무 많은 거 아닌가요?
우와아
괜찮아. 경기가 좋아 졌으니까.
태평천국이 사라져서 그런 가요?
그렇지! 은이 해외로 유출될 일도 없고!
태평천국
아편
은
원래 은을 주고 수입해 오던 아편을 자국에서 생산하게 된 것이다.

원래 청은 자국민이 해외에 나가는 것을 금지하고 있었으나, 1860년에 맺은 '북경 조약'으로 인해 이제 해외에서도 돈을 벌 수 있게 된 것이다.
개항장※ 상해
※ 외국과의 교역을 위해 사용되는 항구
최근엔 외국에 가서 돈을 많이 버는 사람도 있다던데.
하지만 외국은 무서워….
응?
먼 친척한테서 이전에 들은 이야기로는…
뭐라고? '남쪽 섬에서 일해서 일확천금'이라니 좋겠어~
다다다다닥

슈웅
선생님! 해외에서 많이 벌고 싶지 않으세요?
우 앗
그거야 그렇지만 당신 누구야?
척!
그렇다면!
신대륙 미국은 어떠실까요? 지금 인력이 부족해서
하하하하하
어서오세요
미국
그만큼 월급도 높습니다.
그거 좋네.
조금 멀지만 조건은 좋네! 가볼까~
안내할게요~
그럼 자세한 이야기는 배에서 나누시죠!
남북 전쟁 후 노예가 해방됨에 따라 아메리카 대륙은 노동력 부족에 시달리고 있었다.

미국은
인구가 많은
중국과
인도에서
노동력을
구했다.
찡
찡
찡
젠장~
힘들고
돈도 적고
말이
다르잖아~!
속아서 끌려온
사람도 많았으며,
이처럼
저임금으로
일하는 이들을
'쿨리'라고
불렀다.

그 후,
다른 나라에서도
노동력의
수요가 높아져
노동자를
확보하기 위해
환경이나 임금도
개선되었다.
19세기 후반의
해외는
청에서 온
사람들에게
나쁘지 않은
일터였다.
청
인력 부족
덕분에
노동 환경도
좋아진
거야.
새로운
군주님이
오신 이후
세상은
좋은 일로
가득해.
동치제 때
정치와 경제가
안정되었던
이 일을 두고
'동치중흥'이라
부른다.

동치중흥으로
경제가 좋아지자
자금이 늘어났고,
서양의 기술을
도입한 공장이
점점 많아지면서

양무운동은
순조롭게
진행되는
것처럼
보였다.
하지만,
뭐야.
저 녀석들.

철도를 건설하기 위해 측량을 하는 모양이군.
흥…
우리 땅에서 제멋대로 하고 말야.
개네들 때문에 서양의 이상한 종교를 믿는 녀석들도 생긴 것 같아.

애로호 사건의 결과로 그리스도교의 포교가 인정된 이후,
청 각지에 교회가 세워지게 되면서
현지 주민과의 대립으로 인해 신자와 교회가 공격받는 사건이 벌어진다.

북경
(베이징)
천진
(톈진)
천진에서도 애로호 사건 이후 서양인들에 대한 감정이 좋지 않았고,
특히, 프랑스 가톨릭교회는 적대시되었다.

프랑스 신부는 보육원이라 말하지만, 사실 그 녀석들
병으로 죽은 아이의 눈알을 이용해 약을 만든대!
히익...
관리께 이 사실을 전해야 하지 않을까요?

자 여러분!
간식 시간이에요.
와 아
쾅 쾅 쾅
어머, 무슨 일이지?

1870년
6월,
큰 사건이
벌어진다.
관리님
…?
이 교회가
어린아이를
납치해 죽였다는
신고가
들어왔소.
설마!
억울한
누명이에요!

웅성
웅성
주민들과
싸우는 건
너무
위험한
일이오!
교회에
관리가
왔다고?
이런,
야만적인
아시아
인!
철컥
앙리 퐁타니에
주 천진 프랑스 영사

자초지종을 들은 퐁타니에는 관공서에서 총을 발포해
천진 지현사(知県事)※의 부하를 살해했다.
※ 현의 장관. 청 시대까지 존재하던 직책
관리가 사정을 묻기만 해도 지현사의 부하를 죽여 버리다니.
밖에 모여있는 민중을 막는 것은 더 이상 무리다!
숭후
천진의 북양통상대신
웅성
웅성
권총 소리 들린거 맞지?
사람이 죽었대.
웅성
프랑스 놈이 범인이다!
웅성

이 사실은 주민들에게 바로 알려졌다.
외국인에 대한 불신이 쌓여 있던 사람들은 퐁타니에를 비롯한 수많은 외국인을 죽여 버렸다.
이 사건은 프랑스 정부를 격노시켰고

여러 나라들과
함께
연합 함대를
결성해
천진 앞바다에
접근했다.

그놈은
처형!
발단이 된
관리는
귀양!
이대로면
또
전쟁이
일어나고
만다.
우선
외국인
살해의
주모자를
붙잡게.
네!

알고 있다!
이홍장을
불러라!
당장
천진에
정국을
진화시켜라!
예.
숭후를
프랑스에
사죄하러
보낸다.
배상금도
지불해.
그건 너무
양보한
것이
아닌가요?

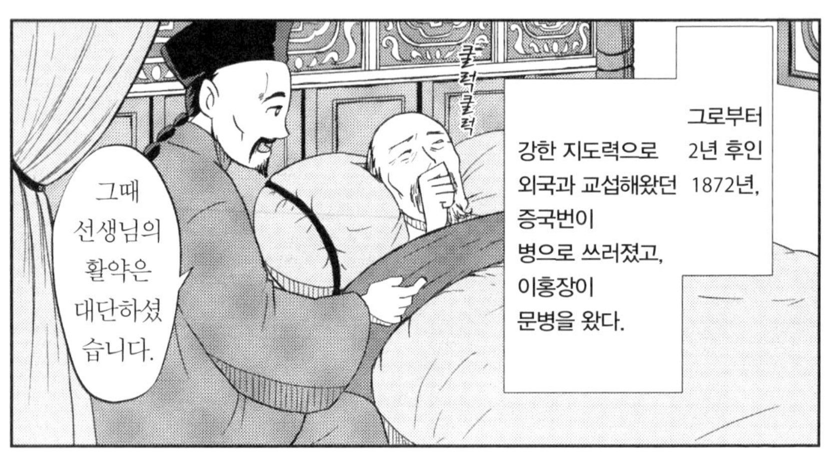

※ 이홍장의 호. 여기서 '호'란, 원래의 이름 외에 편하게 부를 수 있도록 지은 이름

모든 것은 이 나라의 힘이 약해졌기 때문이야. 이 나라는 변해야 하네….
앞으로의 양무 운동을 부탁하겠네.
네. 선생님!

증국번은 같은 해에 사망했고
그 직책의 대부분을 이어받은 이홍장은
북경 근교는 물론, 무역항을 관리하는 북양통상대신과 지방장관 가운데 최고 위급인 '직례총독'을 겸임하고 있었다.

주의할 필요가 있는 것은 영국이나 프랑스뿐만이 아니다.
음…
북쪽의 러시아는 이 땅을 노리고 있고,
러시아
청
조선
일본
조선의 정세도 불안정하니 …
하지만 지금 가장 경계해야 할 것은 일본.
툭-

지금의
일본을
얕볼 수는
없다.
흐으으
으음-

그러나
당시의 청은
자신들의
전통적인
사상을
유지하되,
서양의 지식이나
기술만을 이용하는
'중체서용'이라는
입장을 고수했다.

메이지 유신에 의해
변화를 맞은 일본은
서양의 기술뿐만 아니라
사상이나 문화까지
습득하게 되면서
급성장을 이루고 있었다.

1881년
일본
'이와쿠라 도모미'가
이끄는
이와쿠라 사절단이
미국과 유럽을 시찰하는
여행의 목적으로
요코하마
항에서
출항했다.

그들은
에도막부
말기에
미국으로
부터
압력을
받았다.
불평등 조약인
'미일수호통상
조약'을
개정하려던
참이었다.
기도 다카요시
이와쿠라
도모미
오쿠보 도시미치
이토 히로부미

이와쿠라 씨, 엄청 잘 어울려요!
오~! 판타스틱!
뭐…
기모노에 상투머리로 가면 이상해 보일 테니까.
뭐, 양장에 대한 동경이 없다면 그것도 거짓말이지!
1872년 시카고
음…
이와쿠라 사절단은 여행을 하며 서양의 문화를 배우고 산업시설을 견학했다.
빨리 이 기술을 일본으로 가져가고 싶습니다.
어질…
공장도, 철도도 대박이야! 미국은 정말 놀라운 곳이군!
그러나 중요한 불평등 조약 개정에 대해서는
국무성을 찾아가 조약 개정에 관한 논의를 나누기는 했으나
일본이 무엇을 원하는지 잘 알겠소.

실례지만
일본은
에도막부
말기부터
정권이 바뀌지
이제 막 4년정도
지났습니다.
통치 체제가
잘 정비되어
있는지
의문입니다.
하긴…
무슨
말씀이신지
알겠습니다.

그리고,
조약 개정에
필요한
천황 폐하의
위임장도
없지 않습니까.
피시
미국 국무장관
추욱-
이와쿠라
사절단은
시찰만 했을 뿐,
조약 개정과
관련해서는
아무런 성과도
내지 못했다.

먼저 법이나
정치의 제도를
정비하세.
귀국하면
헌법제정과
의회설치를
건의해야겠네.
많은
과제를
안고
돌아가는군.

기합!
국제사회의 이해를 얻을 수 있는 헌법이 필요하겠군.
그것을 할 수 있다면 불평등 조약을 철폐할 수 있겠습니다.
그렇습니다. 지금부터 필요한 것은 법률이나 제도의 정비입니다.

메이지 정부의 수장이 서양 시찰에 나간 것은 그 후 나라를 만드는 데 큰 영향을 줬다.
우리 일본이 아시아에서 선두로 서양을 따라잡겠다!
오-오-!

슝-
1889년, 이러한 노력의 결과로 일본에서도 '제국헌법'이 제정되었다. 일본은 정치제도에서도 근대화를 추진해 나갔다.
한편 중국이 사상면에서 전통을 극복하려고 한 것은 20세기에 들어서다.

※ 삼국시대 촉한(蜀漢)의 군사. 지략이 뛰어난 사람을 비유적으로 이르는 말

자기 스스로 제갈량 이라고 합니다….
우와…
괜찮아, 신입.
이
좌
저래 봬도 좌종당 님은
이홍장님과 비견되는 수완가다.
예에?

적이 무너졌다. 단번에 쳐들어 가라!
오
오
오
오
오
오

태평천국의 반란에서도 공적을 세운 분일세.
와—
와—
와—

※1 신장 위구르 자치구

※2 이리 카자흐 자치구

※3 의견이나 사정 등을 황제에게 전하는 것

※4 이홍장의 연해 '해방(海防)'을 중시하는 방안과 좌종당의 서쪽 변경 '새방(塞防)'을 중시하는 방안 간의 대립을 '해방새방지쟁'이라고 함

1876년 좌종당은 신강에 군을 보내 야쿱 벡의 거점을 멸망시키고 러시아를 압박했다.
1881년, 일리 조약이 체결되어 일리 지방의 대부분은 청에게 반환되었다.

소국인 일본은 대국인 러시아만큼 위험하지 않습니다. 러시아가 먼저입니다.

오싹…
아… 알겠소.

일본은 우리와 조약을 맺자마자 속국인 '류큐'를 빼앗아 버렸으니까요.
음…

서태후 마마와 공친왕 전하께서는 일본을 얕잡아 보고 계시다.

1872년, 메이지 정부는 류큐 '왕국'을 류큐 '번'으로 하고 1879년에 오키나와 현으로 병합했다.
그들이 이번에 노리는 것은 아마도….

조선
북경
(베이징)
조선은 오랫동안 청에 조공을 바쳤지만 청은 조선에 관심이 없었다.
조선!
만약 조선을 빼앗긴다면 북경은 코 앞이다.
무슨 수를 써서라도 일본보다 먼저 조선을 확보해야 한다.

1875년 조선 강화도
이홍장의 예상대로 일본은 대륙으로의 진출을 위해
조선 해역에 배를 보내며 도발하기 시작했다.
도대체 뭐야?
일본의 군함이다.

왜 우리 조선 바다에서 멋대로 측량을 하고 난리야!
크아
일본의 군함을 격퇴하라!
펑
펑!
우왓.
조선군이 공격했습니다.
괜찮아! 그럴 줄 알았다!

1875년에
일어난
이 충돌을
'강화도 사건'
이라고 한다.
강화도의 포대를 공격하라! 점거하라!
멍청이들! 이제 우리가 공격할 구실이 생겼다.
조선 내부는
개국을 주장하는
개혁파와
외적을 물리치고
국왕 중심으로 나라를
정비하자는 보수파로
나눠져 있었다.
대원군
찌릿찌릿
명성황후
보수파
개혁파
이 사건을
계기로
이듬해 1876년,
강화도 조약이
체결된다.
이는 조선에게
불리한
불평등 조약
이었다.
1882년
한성
전하, 개국해야 합니다.
일본뿐만 아니라 서양 국가들도 조약 체결을 강력히 압박하고 있다.
도대체 어떻게 해야…
고종
조선 국왕

중전.
명성황후
고종의 왕비
일본과는 이미 조약을 맺었으니
서양의 나라와도 조약을 맺어서 개화해야 합니다.
음… 그러한가.
이 고종의 대응이 보수파인 아버지, '흥선대원군'을 분노시켰다.
참말로 마음에 들지 않네.
주상은 전부 중전이 말하는대로… 게다가 개국은 나라를 팔아 버리는 행위라는 것을 모르는가!
흥선대원군
조선 국왕 고종의 아버지
'명성황후'의 정책으로 인해 군사들의 급료가 미지급 되어 불만이 커지고 있습니다.
그 군사를 이용해 명성황후 일가를 쓰러뜨려야 합니다!

조선도 개국해서 근대화를 진행해야 하는데
그래야만 살아 남을 수 있다.
중전마마! 병사들이 반란을!
뭐라 고요?!

외국인을! 일본인을 죽여라! 나라를 팔아 버릴 명성황후를 죽여라!
오
오
도망갈 길은 이쪽입니다! 빨리!
중전마마, 궁녀로 변장하고 도망 치십시오.
반란 소식을 접한 청의 움직임은 빨랐다.
조선에서 반란이?
이홍장 님의 예상대로 당장 군사를 파견합시다. 일본에게 질 수 없습니다!
마건충
이홍장의 부하

1882년,
임오년에
일어난
이 사건을
'임오군란'
이라고 한다.
섭정의 입장에서 반란이라니 무슨 짓이냐! 연행하라!
청의 개입으로
쿠데타는
즉시
진압되었고
흥선대원군은
천진에
유폐되었다.

전하를 위해서입니다. 이제부터는 청의 힘을 받아 근대화를 진행하시지요.
반짝
청군이 이대로 주둔하게 가만히 두자는 말씀입니까?

청은
반란 이후,
고종에게
정권을
돌려주었다.
그대의 뜻을 받아 들이겠소.
고맙습니다.
이에 따라
명성황후
일족은
'친청정책'을
취하게 된다.

이로써 청은 조선에 대한 지배력을 강화하는 데 성공했다.
일본도 조선에 군사를 주둔시키고 있었으나 청의 입장이 압도적으로 유리했다.
일본군
청군
역시 같은 대륙에 있는 청이
위급한 상황에서 도움이 될 것이야.

개혁파 중 일본에 접근해 급진적인 개혁을 꾀하려는 인물이 나타난다.
명성황후는 청이 하라는 대로만 하는군.
일본의 힘이라도 빌려 청에게서 벗어나야 한다. 근대화를 추진해야만 해!
고민
고민
고민
김옥균
보수파에 반대한 급진 개혁파 정치인

조선에서 청과 일본의 줄다리기는 청이 우세하군.
중얼 중얼
중얼 중얼
그것을 뒤집을 기회!
일본은 대륙으로 진출하기 위해 어떻게든 조선을 편들고 싶었다.
다케조에 신이치로
일본 외교관

오오오오오
12월 김옥균 등은 일본군의 협력으로 왕궁을 제압했다. 이 사건이 바로 '갑신정변'이다.
어라?
넵
다케조에 씨. 협력을 부탁하오.

부글부글
명성황후의 통보로 청이 바로 개입해 이 쿠데타는 진압되었다.
부글
빠직
부글
일본군이라니! 한성에 주둔하고 있는 청군에 도움을 요청합시다.

김옥균은 일본으로 망명했고 명성황후 세력은 회복되었다.
일본의 조선 개입은 다시 실패로 끝났고, 청이 조선에게 끼치는 영향력은 더욱 강해졌다.
줄행랑

전쟁을
피하기 위해
1885년 4월,
청일 양국은
'톈진 조약'을
맺는다.

이 조약에는
양국 모두 조선 땅에서
군사를 철수시키며,
군사 교관을
파견하지 않는다는
조항이
명시되어 있었고,
조선에 출병할 때는
사전통고를
해야 한다는 조항도
있었다.

이 반란으로
청일 양국의
긴장은 급격히
고조되었지만,

지금은
전쟁을
해서는
안된다.

하지만
그런
가운데
조선
국내에서는
들었어?
또 세금이
인상될 거래.

농담이지?
얼마 전에
막 증세
했잖아.

중전마마의
정책이래.

농민들 사이에서 명성황후 정권에 대한 분노가 확산되었고
양반들은 비리나 저지르고 뇌물 받으며 자기 배를 채우는데!
우리한테는 세금만 지우다니!

그리하여 동학교도들은 농민들을 포섭하는 형태로 '동학 농민 운동'을 일으켰고, 조선은 혼란스러워졌다.
그래! 세금은 이제 지긋지긋 하다!
외국인을 쫓아내라!
명성황후 정권을 쓰러 뜨려라!
1894년, 전라도에서 전봉준을 중심으로 동학교도들이 봉기했다.
명성황후의 정책으로 외국인이 들어와
유교나 도교의 가르침을 소중히 하지 않기 때문에 나라가 쇠약해서 버리는 것이다!
동학이란 최제우가 유교, 불교, 도교를 융합해서 창시한 신종교를 가리키며 서학(그리스도교)에 대항하는 의미에서 동학(東學)이라는 이름을 붙였다.
전봉준
동학의 지방 간부

도쿄
이번 반란 때문에 명성황후는 또 청에게 도움을 요청한 모양입니다.
이토 히로부미 총리
청에 지지말게!
우리도 조선에 군을 파견한다.
이번이야 말로 조선을 우리편으로 끌어들여야 한다.
지금까지 몇번이나 청 때문에 고배를 마셨지만

갑신정변의 실수로부터 10년이 지난 터, 우리는 상당히 힘이 세졌다.
지금이면 청과 직접 싸우는 것도 가능하다.

청이 더 이상 방해하지 못하게.
조선 정치의 주도권은 일본이 지배한다. 민비와 그 일족을 제거하라!
일본은 조선에 출병해 1894년 7월, 한성의 조선왕궁을 점거했다.
척 척
척 척
척 척

민비 일족을 추방하라.
꺄아악
대원군을 불러 주시게!
이게 무슨 짓이냐!

쿵
으윽
이런 이런, 대원군 각하 앉으시지요.
이제 조선 정치의 실권은 당신에게 있습니다.
아아…
이제부터 우리는 조선의 내정개혁에 협력하겠습니다.
거기서 당신이 이렇게 한마디만 해 주시면 됩니다.
'부당하게 주둔한 청군을 일본의 도움으로 무찌르고 싶다'고요.
나의 한마디에 조선이 신생되도…
…청군을 무찔러 주게.

조선 정부는 일본과 친일파가 지배해 버렸다.
어떻게든 열강의 개입을 기다리면서 일본을 견제하고 싶었지만…
1894년 7월
청일 전쟁 발발
국내에서는 싸우라는 의견이 크고…
콰악
한반도의 서해안 지역인 '아산' 근해에서의 교전은 일본군이 압승했다.

일본 전력은 우리의 전력을 이미 넘어섰다!
아무래도 …

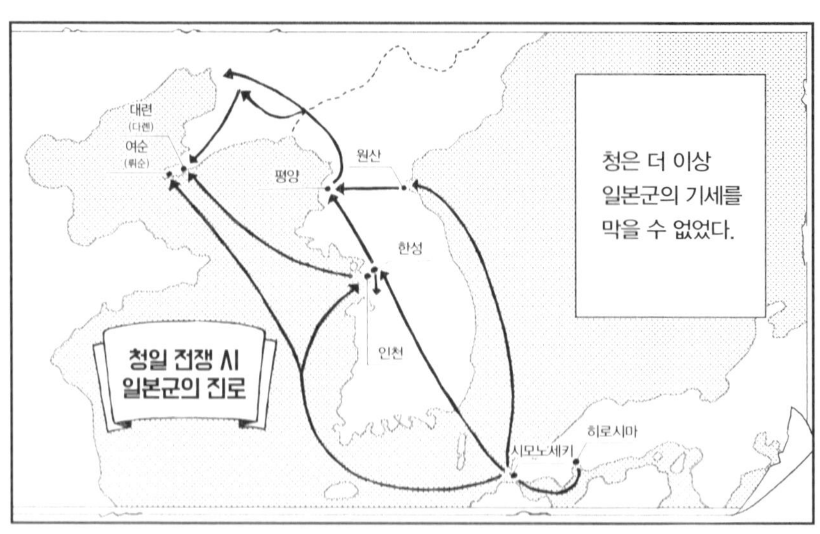
청은 더 이상 일본군의 기세를 막을 수 없었다.
청일 전쟁 시 일본군의 진로
대련 (다롄)
여순 (뤼순)
평양
원산
한성
인천
히로시마
시모노세키

요동반도는 1895년 3월에 일본군에 점령되었다.
요동반도 (랴오둥반도)
'위해' 요새와 뤼순을 점령당해 요동반도도 위태롭구나.
이젠 언제 북경에 쳐들어와도 이상하지 않아.

…
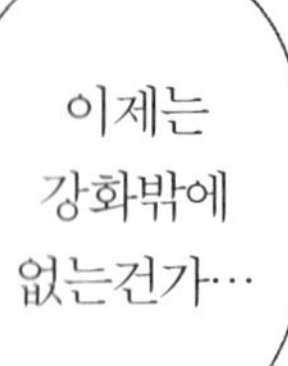
이제는 강화밖에 없는건가…

아마 지금쯤은 일본에 보낸 사절과의 강화 교섭이 시작되었을 텐데….

큰일 났습니다!
무슨 일이냐?

일본이 우리 사신을 인정하지 않고, 강화도 할 수 없다고 합니다.
공친왕 전하 아니면 이홍장 관리께서 일본까지 오라시고.
뭐라고?

1895년
3월
시모노세키
여기가
일본
인가.
이곳에서
일본과 청의
강화 조약이
맺어졌다.

시모노세키
조약이라 불리는
그 내용은
청
요동반도
독립
조선
일본
(日本)
2억 냥
대만
펑후제도
1895년. 시모노세키 조약
• 조선 독립의 승인
• 요동반도, 타이완, 펑후제도 할양
• 2억 냥의 배상금 등…
패전국인
청에게는 상당히
가혹한 것이었다.

1894년
10월
조선 왕궁
청일 전쟁의
승패가
가려질 무렵
명성황후는
고종을 방패 삼아
실권을 놓지 않고,
새롭게 러시아와
손을 잡아
일본을 견제하려
하고 있었다.
음
이번엔 러시아의 힘을 빌어 일본을 몰아내자….
하지만

1895년
10월,
명성황후는
일본군의
손에
시해당한다.
이것으로 일본의 영향력은 강력하게 유지될 것이다.
미우라 고로
일본의 군인

그러나 명성황후 시해는 조선에서 반일감정을 불러오게 되고
러시아 공사관에 피신 중이던 고종을 중심으로 친러시아파가 쿠데타를 일으켜
결과적으로 친러시아파의 신정권이 수립된다.
한반도를 발판 삼아 대륙 침략을 노리고 있던 일본은 극동에서 남하하는 러시아와 크게 대립하게 된다.

【서적】

- 山川出版社,『新世界史B』(개정판) /『詳説世界史B』(개정판) /『山川 詳説世界史図録』(제2판) /『世界史用語集』(개정판)
- 岩波書店,『近代中国の苦力と「豬花」』/『清朝と近代世界19世紀』/『李鴻章 東アジアの近代』
- 河出書房新社,『フランツ・ヨーゼフ ハプスブルク「最後」の皇帝』
- 講談社,『ラストエンペラーと近代中国 清末中華民国』/『ロシア・ロマノフ王朝の大地』
- 集英社『癒されぬアメリカ 先住民社会を生きる』
- 中央公論社,『イタリアか、死か 英雄ガリバルディの生涯』/『近代イスラームの挑戦』/『西太后 大清帝国最後の光芒』
- 東京大学出版会,『史記I 本紀』
- 東洋文庫,『トルコにおける議会制の展開 オスマン帝国からトルコ共和国へ』
- 名古屋大学出版会,『属国と自主のあいだ 近代清韓関係と東アジアの命運』
- 白水社,『カヴールとその時代』
- 平凡社,『西学東漸記 容閎自伝』
- みすず書房,『西アジア史Ⅱ イラン・トルコ』
- 山川出版社,『西太后 大清帝国最後の光芒』/『イタリア史』/『ドナウ・ヨーロッパ史』『ビスマルク ドイツ帝国の建国者』/『ロシア史』
- 明石書店,『イタリアの歴史を知るための50章』/『ドイツの歴史を知るための50章』
- あすなろ書房,『写真でみるアメリカ・インディアンの世界』
- 大月書店,『輪切りで見える! パノラマ世界史④ 大きく動きだす世界』
- 河出書房新社,『お茶の歴史』/『図説オーストリアの歴史』/『図説帝政ロシア 光と闇の200年』『図説ドイツの歴史』/『図説ハプスブルク帝国』/『図説フランスの歴史』
- 講談社,『「イタリア」誕生の物語』/『大清帝国』
- 三省堂,『アメリカ西部開拓史』/『アメリカの歴史③ 南北戦争から20世紀へ 19世紀後半ー20世紀』
- 中央公論新社,『アメリカ黒人の歴史 奴隷貿易からオバマ大統領まで』/『オスマン帝国 繁栄と衰亡の600年史』/『ガリバルディ イタリア建国の英雄』/『日清戦争 近代日本初の対外戦争の実像』/『ビスマルク ドイツ帝国を築いた政治外交術』
- 白水社,『アラブ500年史 オスマン帝国支配から「アラブ革命」まで 上』
- 原書房,『アメリカ史「読む」年表事典 2 (19世紀)』/『[図説]歴代アメリカ大統領百科 ジョージ・ワシントンからドナルド・トランプまで』
- 中国戯劇出版社,『中国古代服飾史』

【WEB】

NHK高校講座 世界史, 国立国會図書館, 明治神宮外苑 聖徳記念絵画館, NHK for School

이 책을 만든 사람들

- **감수:** 하네다 마사시(HANEDA MASASHI)
  도쿄대학 명예 교수
- **플롯 집필 · 감수:**

제1장 야구치 유진(YAGUCHI YUJIN)
도쿄대학 교수

제2장 오니시 가쓰노리(ONISHI KATSUNORI)
가와무라학원 여자대학 준교수
유게 나오코(YUGE NAOKO)
와세다대학 교수

제3장 오자와 이치로(OZAWA ICHIRO)
도요분코 연구원

제4장 도요오카 야스후미(TOYOOKA YASUFUMI)
신슈대학 준교수

- **자켓 · 표지:** 곤도 가쓰야(KONDOU KATSUYA)
  스튜디오 지브리
- **만화 작화:** 쓰쓰미 리이치로(TSUTSUMI RIICHIRO)
- **내비게이션 캐릭터:** 우에지 유호(UEJI YUHO)